SUELI DE SOUZA CAGNETI

LEITURAS EM CONTRAPONTO

Novos jeitos de ler

Dados Internacionais de Catalogação na Publicação (CIP)
(Câmara Brasileira do Livro, SP, Brasil)

Cagneti, Sueli de Souza
 Leituras em contraponto : novos jeitos de ler / Sueli de Souza Cagneti. – 2. ed. – São Paulo : Paulinas, 2021.
 96 p. (Coleção re-significando linguagens)

 ISBN 978-65-5808-057-2

 1. Incentivo à leitura 2. Literatura infantojuvenil - História e crítica 3. Livros e leitura I. Título II. Série

 21-0944   CDD 809.89282

Índice para catálogo sistemático:
1. Livros e leitura : Literatura infantil e juvenil : História e crítica   809.89282

Angélica Ilacqua – Bibliotecária –CRB-8/7057

1ª edição – 2013
2ª edição – 2021

Revisado conforme a nova ortografia.

Direção-geral: *Bernadete Boff*
Editora responsável: *Maria Alexandre de Oliveira*
Copidesque: *Ana Cecilia Mari*
Coordenação de revisão: *Marina Mendonça*
Revisão: *Sandra Sinzato*
Assistente de arte: *Ana Karina Rodrigues Caetano*
Gerente de produção: *Felício Calegaro Neto*
Capa e editoração eletrônica: *Manuel Rebelato Miramontes*
Ilustração de capa: *Anasor ed Searom*

Nenhuma parte desta obra poderá ser reproduzida ou transmitida por qualquer forma e/ou quaisquer meios (eletrônico ou mecânico, incluindo fotocópia e gravação) ou arquivada em qualquer sistema ou banco de dados sem permissão escrita da Editora. Direitos reservados.

Paulinas
Rua Dona Inácia Uchoa, 62
04110-020 – São Paulo – SP (Brasil)
Tel.: (11) 2125-3500
http://www.paulinas.com.br – editora@paulinas.com.br
Telemarketing e SAC: 0800-7010081

© Pia Sociedade Filhas de São Paulo – São Paulo, 2013

Para minhas filhas Fernanda e Georgia:
meus dois primeiros e grandes livros.
Com eles, recebi os prêmios
"Rafaela, 1994", "Maria Eduarda, 1996",
"Sofia, 2001" e "Bartolomeo, 2010".

SUMÁRIO

São tantas as razões... 7

A literatura infantojuvenil e a nova concepção de leitor... 11

Perrault e os *Contos da Mamãe Gansa*........................... 19

Ler: um ato ultrapassado? 23

O desemboloramento dos personagens clássicos infantis:
Uma sugestão lobateana 33

Personagens clássicos e escola:
novas possibilidades de leitura..43

Emília e Pinóquio: de bonecos falantes a seres conscientes .. 47

Um lobo nem sempre mau:
a pós-modernidade e suas inversões...................................53

Cinderela: do sapatinho de cristal ao salto pós-moderno....61

Príncipes de ontem e de hoje:
como os heróis se transformaram.......................................71

O hibridismo e o humor nos livros para crianças e jovens.....79

Posfácio 91

Referências bibliográficas..93

SÃO TANTAS AS RAZÕES...

Por que reunir textos já discutidos e – de alguma forma – publicados? Por que agrupá-los sob o título *Leituras em contraponto: novos jeitos de ler*?

Quem teve a oportunidade de acompanhar a escola, de modo geral, nas últimas três décadas, sabe do salto qualitativo dado pela literatura destinada a crianças e jovens e da preocupação nesse espaço com o seu incentivo. Da mesma forma, é sabido que, antes dos anos 1970, além de Monteiro Lobato, poucos autores existiam para os leitores em formação. O ensino, por sua vez, quando se voltava para a literatura, tinha a intenção de fazer conhecer, ler e reconhecer clássicos a partir de suas escolas e gêneros.

Coincidiram, no entanto, na época, questões díspares que contribuíram para a grande virada em relação à chamada literatura infantojuvenil, atualmente menos estigmatizada.

Foi, por exemplo, a discutidíssima Lei n. 5.692 que, reformulando a LDB (Lei de Diretrizes e Bases), em 1971, abriu as portas para a utilização de textos literários em aula, bem como incentivou um olhar mais artístico para a sua exploração, desde os primeiros anos de escolaridade.

Além disso, paralelamente aos anos dourados do Brasil: "ame-o ou deixe-o", a ditadura aqui vivida deslocou grandes nomes de artistas e pensadores (escritores, cantores, cartunistas) para a literatura infantil que, graças ao preconceito de menoridade do gênero na época, passou ao largo da censura. Não esquecendo aqueles que, naturalmente, eram voltados para esse gênero e que se irmanaram aos que escolhiam a mesma vertente.

Assim, dos reizinhos mandões aos filhos de exilados políticos, da ridicularização do autoritarismo à exortação ao poder da palavra, da neutralização de valores a autos de fé à igualdade e à consciência, fizeram frente à ditadura obras que deram corpo significativo à literatura infantil atual, modificando completamente o seu status e a sua criação. Cabe citar aqui nomes como Ana Maria Machado, Werner Zotz, Vivina de Assis Viana, Fernanda Lopes de Almeida, Ruth Rocha, Chico Buarque, Lygia Bojunga Nunes, Bartolomeu Campos de Queirós, Marina Colasanti, Sílvia Orthof, Ziraldo que, voltados ou não para esses temas específicos, produzindo em grande escala ou não, são merecedores hoje do nosso reconhecimento pelo seu pioneirismo, irreverência e mobilização.

Tudo, na verdade, convergia para a ampliação da inventividade e diversidade nas obras, cujo endereçamento para esse público específico era relevante e encorajador. Em 1968, foi criada a FNLIJ (Fundação Nacional do Livro Infantil e Juvenil), órgão pertencente à IBBY (International Board on Books for Young People), com sede na Suíça, criado em 1953, com a finalidade de incentivar a leitura literária e a criação e ilustração de textos para crianças e jovens. Incentivo esse que, desde então, vem premiando, a cada dois anos, o melhor escritor e o melhor ilustrador infantojuvenil do mundo, concedendo-lhes a Medalha Hans Christian Andersen.

São também desse novo momento literário infantil, portanto, ilustradores e criadores de narrativas visuais, como Juarez Machado, Ângela Lago, Ziraldo, Rui de Oliveira, Eva Furnari, Marcelo Xavier, Eliardo França, Luís Camargo e tantos outros mais recentes – como Fernando Vilela, Mario Vale, André Neves, Roger Mello, Mauricio Negro –, que estão, no momento, engrossando a fila dos grandes nomes mundiais nessa área.

Não bastassem esses aspectos, os quais deram a essa geração o impulso necessário para a reviravolta constatada no gênero, é preciso lembrar que esses escritores foram, nada mais, nada menos que as primeiras crianças a lerem Lobato nas décadas de 1930, 1940 e 1950, o que, naturalmente, deve ter contribuído para a criatividade e contestação em suas obras. Afinal, não se pode ser filho de Lobato, conforme Withaker Penteado,[1] impunemente.

---

[1] Autor de *Os filhos de Lobato;* o imaginário infantil na ideologia do adulto. Rio de Janeiro: Qualitymark/Dunya, 1997.

Caminho aberto. Espaço ocupado. Produções ganhando visibilidade. Autores sendo premiados, escolas adotando literatura infantil e juvenil como nunca em sua história. Mercado editorial sorridente. E, assim, passamos a conviver com os anos do joio. Com tantas possibilidades, muitos foram os não habilitados, não capazes, não interessados no ético e no estético que passaram a produzir livros para crianças e jovens.

Eis a novidade do momento, então. É preciso separar o joio do trigo, ou melhor, identificar o joio. E, claro, conhecer o trigo. Excelente trabalho para fazer na escola, ensinando verdadeiramente a ler. O material que se tem atualmente é riquíssimo, sem dúvida. Para – contrastando textos – descobrir com a criançada e também com os mais crescidos, quando uma obra apenas tagarela, enquanto outra pouco fala e tanto diz; perceber quanto de uma mesma suposta verdade se pode pensar, em confronto com aquela que um autor apresenta pronta e acabada, como se tivesse descoberto a pólvora; sentir a delícia de deixar-se levar por uma linguagem trabalhada artisticamente, comparando-a com um texto que até pode ter o que dizer, mas não sabe dizê-lo; constatar que lendo se pode criar novas verdades, como se pode também ratificar as "de sempre" *ad aeternum*, porque os textos escolhido/lidos desembocam sempre no mesmo lugar.

Aqui, pois, estão as razões de *Leituras em contraponto: novos jeitos de ler*. Que esses novos jeitos existem agora em todas as formas e tamanhos, cores e propostas, intenções e interrogações, já se sabe. Falta, ainda, lê-los sabendo! Sim, sabendo o que se lê, para se fazer mais crítico; como se lê, conhecendo o próprio caminho de leitor, e por que se lê, obviamente. Afinal, é preciso pôr um fim no "leio porque me mandaram".

A LITERATURA INFANTOJUVENIL E A NOVA CONCEPÇÃO DE LEITOR[1,2]

Vivemos hoje num mundo caótico, fragmentado, hiper-realizado, multicolorido, cujos apelos vão das imagens às luzes, exageradamente faiscantes e chamativas. Convivemos mais com as megaproduções, com as informações, com as reproduções – quase perfeitas da realidade – do que com o real, propriamente dito.

Transitando entre esses apelos do consumo, seja da arte, da moda, da cultura – sofisticados e globalizados –, nos deparamos com o vazio, com a falta de valores e ideais estáveis, substituídos por um permanente tomar e largar de ideias e possibilidades que nos são oferecidas, principalmente, pela mídia (a deusa das deusas, venerada e sacralizada pela massa consumidora e apressada).

Desse modo, precisamos ser ágeis nas escolhas, para não perdermos as *ofertas*, que logo serão substituídas por outras. Concentrar-se, refletir/debruçando-se sobre, entregar-se para sentir/viver o escolhido é coisa do passado.

A leitura, em contrapartida, pede, naturalmente, o que esse mundo pós-moderno descarta: entrega, concentração, fidelidade, crítica, cumplicidade, retorno, reflexão, criação, recriação.

Os textos atuais, além disso, segundo Jair Ferreira dos Santos (1988: 41), quase sempre "vêm recheados com citações, colagens (fotos, gráficos, anúncios) e referências à própria literatura. Isto é, a literatura pós-moderna é intertextual; para lê-la, é preciso conhecer outros textos".

É preciso, portanto, que se observe, compare, contraponha o lido com o contexto atual, resgatando contextos anteriores, percebendo

---

[1] Originalmente apresentado como Conferência de Abertura no I Congresso de Literatura e Educação, em Florianópolis, SIC, 2000. Posteriormente publicado em: *Revista de Divulgação Cultural*, Santa Catarina, ano 23, n. 73 e 74, jan./abr. e maio/ago. 2001.

[2] Revisado para essa edição.

aquilo que está nas linhas que, por sua vez, apontam para as entrelinhas: os vazios, as fendas do texto (usando expressão de Barthes), pedindo conhecimentos anteriores, leituras de textos do passado, contato com outros procedimentos literários, os quais, de algum modo, se farão presentes nesse emaranhado no qual vivemos.

Somos incentivados, no entanto, a olhar/ler rapidamente tudo, sempre buscando o novo: para rapidamente entrar em outro site, puxando outro link; para entrar em outro canal, buscando novo programa; para entrar em outro anúncio, descobrindo novas necessidades; para adquirir outros produtos, encontrando novos prazeres; para virar a página, lendo outro texto...

E, em contrapartida, o leitor atual, convidado a entrar na literatura e a impregná-la com suas verdades e modos particulares de interpretação, precisa cada vez mais de uma competência leitora, que longe está de se fazer com os procedimentos citados.

Como lidar, então, com essa realidade distanciada do que se coloca como pré-requisito para a relação texto/leitor?

A literatura infantojuvenil, não só brasileira, como os textos endereçados a crianças e jovens, de diferentes lugares e aqui traduzidos, vem pedindo ao leitor uma atitude de complementação, associação, recriação e redimensionamento, a partir dos próprios pontos de vista, das leituras e dos conhecimentos anteriores, das buscas particulares e do preenchimento dos vazios propositais que dependerão das novas leituras que cada um será capaz de encontrar e fazer.

Vale lembrar, ainda, que a partir dos pressupostos d'*A estética da recepção*, o papel do leitor tem ganhado maior relevância, o que implica um envolvimento sempre maior, pois, segundo Karlherinz Stierle (1979: 134), "[...] O significado da obra literária é apreensível não pela análise isolada da obra, nem pela relação da obra com a realidade, mas tão só pela análise do processo de recepção, em que a obra se expõe, por assim dizer, na multiplicidade de seus aspectos".

Diante de toda essa complexidade, quando se vê que ao leitor cabe o papel de coautor do texto e que a literatura infantojuvenil – tanto quanto a literatura adulta – contribui para isso, com seus finais abertos, com suas múltiplas possibilidades de interpretação, com recortes e/ou revisitamentos de obras do passado, com a inserção de outras linguagens, não se pode permitir que a formação do leitor fique apenas no plano da decodificação. Ou que apenas se preocupe com esta ou aquela escola ou movimento literário.

Pensando nessas questões vale a pena visitar alguns livros destinados a crianças e jovens, analisando seus procedimentos, seu conteúdo, suas ilustrações, pensando no quanto essa literatura pode contribuir na formação desse novo leitor, cuja concepção passa, principalmente, pela capacidade de transitar entre as diferentes possibilidades que um texto possa levantar.

Veja-se, por exemplo, uma produção da Nova Fronteira, a partir do belíssimo conto de Guimarães Rosa, *Fita verde no cabelo*. Embora, ao estudar os grandes da Literatura Brasileira, nossos meninos e meninas (sejam eles adolescentes, jovens ou até mesmo adultos) digam, muitas vezes, que Guimarães é leitura impenetrável, encantam-se com esse conto, agora transformado em livro e ilustrado por Roger Mello. Com linguagens (verbal e visual) poéticas e singularmente construídas, nossos leitores iniciantes tateiam por caminhos conhecidos para chegar com os autores a uma nova e rica leitura dos conhecidíssimos personagens seus: Chapeuzinho Vermelho e o Lobo Mau.

Familiarizados com o tradicional "Era uma vez, há muito, muito tempo, num reino muito distante...", que os transporta para um tempo e espaço míticos, nossos meninos e meninas se veem convidados a entrar numa aldeia qualquer para deparar-se com o cotidiano, em que as crianças nascem e crescem e os velhos morrem. Nada da magia dos contos clássicos, mas muito do dia a dia humano, dada a nossa imutável condição: nascer, crescer, encontrar o outro (ou ao menos tentar), ter filhos, envelhecer, morrer.

Não é diferente com Chapeuzinho, aqui revisitada por Rosa. Inserida num contexto brasileiro, ela já não veste um casaco com capuz vermelho que a proteja do frio. Parte, no entanto, tão sedutora quanto a primeira, levando, no lugar do capuz, uma fita verde "inventada" no cabelo.

Sintonizado já com os procedimentos pós-modernos, o autor se apropria do clássico, reinventando-o em inúmeras situações, desconstruindo a imagem tradicional do lobo e ressignificando-a de forma a transformá-lo numa força muito maior, simbolizando a inevitável figura da morte colada à condição humana. Aliás, esse lobo dispensa comentários, quando o leitor se depara com uma imagem em que Roger Mello – ambiguamente – apresenta os caçadores/lenhadores como figuras metade homem, metade lobo, relativizando-a, ao insinuar sua presença/não presença, lembrando o final do clássico de Perrault que adverte as meninas coquetes a não falarem com desconhecidos, para não serem "devoradas" por homens sedutores.

Não subestimando a capacidade leitora do público infantojuvenil (uma vez que o livro vem endereçado a ele), percebe-se a riqueza do jogo entre as linguagens que dialogam: enquanto Roger Mello reforça a simbologia lobo/homem em face da mulher e seus atributos (registrado por ele na fita verde "inventada", sobre os cabelos da protagonista), Guimarães a conduz ao encontro da avó para deparar-se com a morte de uma pessoa idosa que deve inevitavelmente um dia partir. Vai daí que a personagem – diferentemente de Chapeuzinho Vermelho – se vê sem a fita, ou seja, sem o sonho, sem a fantasia, chamando pela avó e dizendo que tem medo do lobo.

Mais uma vez, Mello não poderia ter sido mais oportuno em seu prolongamento desse texto clássico ao, através da imagem final, desconstruir o costumeiro "tudo volta à normalidade". Para a protagonista, seu mundo está em deslocamento e é com ele que ela deverá lidar para enfrentar a passagem para o amadurecimento sugerido pelo texto. Desta vez, não de menina para mulher, mas de alguém que precisou confrontar-se com a morte e dar conta dela. Veja-se, pois, a imagem:

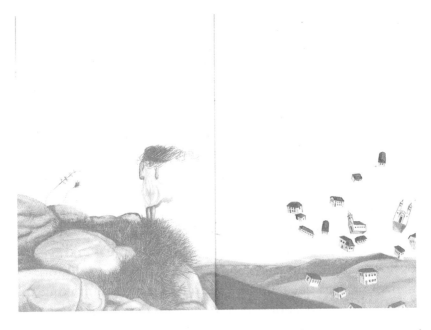

É visível, portanto, que o leitor mais desavisado e menos preparado para transitar entre estes códigos, propostas, épocas, intenções, éticas e óticas – veiculadas, tantas vezes, por um mesmo texto –, dificilmente fará uma leitura crítica e aprofundada o suficiente para se fazer coautor do lido, como propõem as concepções contemporâneas de leitor e de leitura.

Aos interessados em iniciar leitores nesta leitura mais competente, mais individualizada e cada vez menos positivista, a literatura infantojuvenil muito vem contribuindo. Basta que se vá apontando os passos que, individualmente, cada um vai encontrando, desvendando os meandros da leitura e auxiliando nas associações que puderem ser feitas ou na busca de outros textos, ou gêneros, ou personagens que possam ser reconhecidos naquilo que está sendo lido.

Outra obra, de igual proposta, é a recém-lançada *Tem livro que tem*, de Fa Fiuza e ilustrada por Angelo Abu. Fiuza inicia, por exemplo, com: "Era uma vez três porquinhos, uma bela adormecida, uma boneca de pano, um nariz que crescia, uma bota de bode" (p. 5), e, andando por esse caminho, vai convidando a meninada a olhar para tantos, e tão presentes em nosso imaginário, personagens, cenários, sustos, medos, vitórias, descobertas, como a de Chapeuzinho, de Emília, dos Três Porquinhos, de João e Maria, de reis e gigantes, apontando a importância do repertório literário para o leitor de hoje.

Angelo Abu, por sua vez, não deixa por menos e, com imagens coloridas e recheadas de significado, chama o leitor a buscar suas referências com as insinuações imagéticas que faz em relação ao texto. Quando, por exemplo, Fiuza fala que: "Tem livro que tem Pernalonga, tem livro que me faz gigante, tem livro que me faz Pequeno Polegar" (pp. 14-15), ele, polissemicamente, coloca a ilustrar a página – como que despretensiosamente – um grande pé de feijão que sai de um livro. Logicamente, esse é um procedimento pós-moderno: o de estabelecer relações intertextuais, o de chamar para novas leituras, o de citar velhos novos conhecidos para construção de velhas novas histórias. Se o narrador afirma que tem livro que o faz gigante e outros que o faz pequeno, levando o leitor para o consagrado *O Pequeno Polegar*, Abu desloca esse mesmo gigante para o clássico conto *João e o pé de feijão*.

Citações, apropriações, paráfrases, paródias, como já discutido anteriormente, fazem parte dos procedimentos da literatura atual. Fiuza e Abu o fazem com propriedade. Nem sempre ocorre assim. Daí a presença fundamental do professor nos auxílios pontuais que poderá dar aos seus leitores em formação.

Veja-se no trecho que segue, quanto a mediação oportuna do professor poderá auxiliar os leitores iniciantes nas múltiplas interpretações e descobertas a que o diálogo entre a palavra e a imagem pode levar.

Na página 8, tem-se: "Era uma vez uma bruxa encantada, uma fada malvada, um espião de gente", seguido pela imagem adiante:

Um lugar diferente, uma casa de vó.

Enquanto a autora explicita até onde a pode levar um livro que tem tudo isso e mais um tanto que ela ainda não sabe, Abu nessa casa de avó propõe múltiplos achados a seus leitores. Essa casa que, segundo a autora, é "uma casa de vó", levando-nos de imediato para a floresta de *Chapeuzinho Vermelho*, para ele pode ser a d'*Os Três Porquinhos*, a torre de *Rapunzel*, uma bota (lembrando o livro infantil, de Eliardo França, *A bota do bode*), a casa da bruxa de *João e Maria*, afinal é uma casa muito diferente, ou o lar de algumas das tantas fadas presentes nos contos de Grimm, que aparecem citados na chaminé, cuja fumaça é preenchida por palavras em alemão, numa clara alusão à origem dos irmãos Jacob e William.

Acredita-se, então, que ao brincar com a literatura, com as ideias, com os personagens e os temas, os leitores em formação possam chegar mais perto não só da compreensão textual como do próprio ato de ler. E que, ao precisar buscar outros textos, para poderem penetrar no que estão lendo, habituem-se a complementar suas leituras e a ampliá-las com pontos de vista e encaminhamentos diferenciados.

Por outro lado, se prevê, como consequência natural desse debruçar-se mais dinâmico, a possibilidade de os leitores, desde cedo, descobrirem a importância de seu trânsito entre diferentes propostas, recursos, olhares, para seu permanente redimensionamento, não apenas como leitor, mas também como pessoa, em relação a seus valores, princípios e atitudes.

PERRAULT E OS *CONTOS DA MAMÃE GANSA*...

TREZENTOS ANOS DE HISTÓRIA E DE HISTÓRIAS QUE PERMANECEM[1]

Alimentando nosso cotidiano e nossa fantasia, os contos do parisiense Perrault (1628-1703) permanecem. Hoje não mais admonitórios, porque lidos à luz de outro tempo. De todo modo, com algum recado. Ou com muitos significados, melhor dito.

Mudaram os tempos, mudou o homem, revestiram-se os contos tradicionais de outras tantas formas. Mudou nosso jeito de ler. Não mudou a condição humana. Daí a permanência e importância desses contos entre nós.

Lançados em 1697, os *Contos da Mamãe Gansa* (*Contes de ma mère l'oye*), também conhecidos como *Histórias ou contos do tempo passado, com moralidades*, têm corrido o mundo nestes três séculos de existência. Dos contos inicialmente editados: *A Gata Borralheira, Chapeuzinho Vermelho, O Barba Azul, A Bela Adormecida, O Gato de Botas, O Pequeno Polegar, As fadas e Henrique, o Topetudo*, apenas os dois últimos são pouco conhecidos entre as crianças brasileiras. Dos três acrescidos à coletânea mais tarde, *A pele de asno, Os desejos ridículos* e *Grisálides*, somente o primeiro tem lugar destacado entre as histórias infantis, inúmeras vezes contadas e recontadas em nossa cultura.

Se os homens passaram a fazer literatura com a intenção de transmitir suas experiências e descobertas às gerações futuras, bem como criticar a sociedade vigente, e, essencialmente, buscar entender os mistérios da vida e da morte, nos dias atuais ela tem, sem dúvida, uma razão significativa a ser acrescida: a de reencantar a humanidade.

---

[1] Originalmente publicado no *Jornal Nicolau*, Governo do Paraná, Secretaria do Estado e da Cultura, ano XI, n. 60, 1997, por ocasião do 300º aniversário de Charles Perrault.

Contemporâneo de Descartes, vivendo a revolução da época, do *penso, logo existo*, Perrault, ao recolher as histórias contadas pelo povo – de geração em geração –, as recontou, embora de forma realista, mas sempre acompanhada de alguma dose ou marca do mágico, do sobrenatural, do encantado.

Reportando-nos às histórias, velhas conhecidas, vamos encontrar em *A Gata Borralheira*, *As fadas e Henrique, o Topetudo* e *A Bela Adormecida*, a invenção das fadas: em *Chapeuzinho Vermelho*, um lobo que fala; em *O Pequeno Polegar*, a bota de sete léguas; em *Barba Azul*, a mancha de sangue, na chave, que mesmo lavada voltava a aparecer, e n'*O Gato de Botas*, além das transformações do Ogro já por si, uma figura do maravilhoso – a antropomorfização do protagonista do conto.

Influenciados pelo pensar positivista, que dominou o mundo nos últimos séculos, muitos foram os pais, pedagogos, estudiosos da infância e escritores (principalmente, os voltados para a criança) que passaram a abominar procedimentos como esses no texto infantil. Quanto mais realisticamente se mostrava a vida para as crianças, tanto melhor. Nada que a razão não explicasse era considerado.

Vivemos, hoje, no entanto, uma realidade desencantada, cientes de que é preciso humanizar a humanidade. Redundante? – em termos! Afinal, o homem, desencantado, desumanizou-se. Entende-se, assim, o porquê de todo um movimento mundial para reencantar a humanidade, que, em busca de novos paradigmas, se deu conta de que apenas *corpo* e *mente* não fazem um homem. Ou melhor, não o justificam. A razão, com os seus dias contados – ao se desvincular das possibilidades que transcendem a matéria –, é magistralmente conceituada por P. J. Stahl, quando diz que "a ciência explicou o relógio, mas ainda não conseguiu explicar o relojoeiro".

É, pois, essa busca de explicar o homem que tem sido, sem dúvida, o mote maior de toda a literatura desde os primórdios. Ao olhar para narrativas que compõem as coletâneas antigas e conhecidas, como *Calila e Dimna* ou *As mil e uma noites*, pode-se perceber como a procura pelo entendimento de si mesmo sempre foi uma constante para o homem. Caminhando entre contos de fadas que, recolhidos inicialmente por Perrault, e seguidos da recolha e/ou atualização de outros tantos pelos Irmãos Grimm, deparamo-nos com histórias que falam de nossas angústias, de nossas passagens, de nossas necessidades e desejos.

Mudada a história, o credo, a ótica, damo-nos conta de que as demandas continuam as mesmas e que essas histórias, as quais falam de questões básicas humanas, apontam para a nossa condição, que também continua a mesma. Daí a permanência, significação e importância dessa coletânea inicial de Perrault.

Procedimento semelhante encontramos nas novelas de cavalaria, como a *Demanda do Santo Graal*, cuja busca, embora centrada em Deus, em oposição ao paganismo das fadas, fala da necessidade primeira do homem, que é entender-se e encontrar-se. Em Deus, ou não.

Vividos os séculos racionais, durante os quais abominados foram os poderes mágicos e questionadas foram as verdades divinas, vemo-nos perdidos diante de quem somos, de onde viemos, para onde vamos.

Sem o destino (*fatum*) do universo das fadas, sem o aconchego do céu, prêmio máximo dos crédulos – e desencantados com a ciência, que não tem conseguido justificar nosso estar no mundo –, temos sentido um movimento de retorno para o mágico, o sobrenatural, o encantado, numa consciência mais abrangente do que seja o ser humano.

Muito do que aí está começou com Perrault. Muito tem sido reescrito a partir dele. Como, também, muito disso tudo tem interferido no que lemos e como lemos, no que escrevemos e por que escrevemos. Vale por isso perguntar: Quem das últimas gerações passou ao largo de todas essas narrativas, ou quais os adultos da geração atual que não sonharam com o príncipe da Bela Adormecida ou com ela mesma, ou não temeram o lobo ou não acompanharam a Chapeuzinho pela estrada afora?

Que atire a primeira pedra aquele que não sofreu ou não sorriu com esses contos e que não faz hoje suas leituras influenciadas por eles. Afinal, trezentos anos de história não se constroem por acaso.

LER: UM ATO ULTRAPASSADO?[1]

> Ler significa ser questionado pelo mundo e por si mesmo, significa que certas respostas podem ser encontradas na escrita, significa poder ter acesso a essa escrita, significa construir uma resposta que integra parte das novas informações ao que já se é (FOUCAMBERT, 1994: 5).

Parece não mais haver razão para se falar em sensibilização para a leitura. Parece mais do que natural, até corriqueiro, pensá-la como mola propulsora de tudo o que diga respeito ao ensino e à aprendizagem. Parece, mesmo, desnecessário e banal falar da importância de ler, uma vez que se bate nessa tecla há décadas. Parece, realmente, superadíssimo falar de questões pertinentes à leitura. Pelo menos, é o que alguns professores (embora pareça impossível) têm deixado transparecer, dizendo que "chega de só ler, ler e ler; é preciso pensar em outras questões".

Realmente, é preciso pensar em outras questões. Principalmente, no que seja ler. Conforme Jean Foucambert, uma coisa é ser *alfabetizado*, outra é ser *leiturizado*, o que significa ser leitor/sujeito de um texto, ser coautor do material lido, ser conhecedor dos seus limites, enquanto leitor, e não apenas um decodificador do objeto escrito.

Parece, na verdade, muito simples o que se propõe hoje: que o leitor se aproprie do texto; que ele recrie esse texto, que ele ratifique ou retifique suas verdades através do lido; que reelabore questões duvidosas, buscando sua compreensão; que ele se delicie, ao deparar-se com ideias apresentadas por linguagens e estruturas diversas daquelas que ele criaria, se fosse expô-las.

Questões como cidadania e poder também devem ser lembradas, quando se fala em leitura: para exercer, plenamente, deveres e usufruir, da mesma forma, de direitos de cidadão, é necessário ser um bom leitor. Afinal, como interpretar leis, mandamentos, direitos, sem saber ler?

---

[1] Originalmente publicado em: *Revista da Univille*, v. 4, n. 1, p. 60-66, 1999. Aqui revisto e acrescido de publicações recentes.

Apoderar-se do discurso, transitar por diferentes contextos, descobrir a linguagem, descobrindo-se e descobrindo o mundo é, certamente, uma forma de poder. E como exercê-la, desconhecendo o meio com o qual se deve interagir?

Não por acaso, as ideias relativas ao processo de leitura, apenas decodificador, e, portanto, apenas reprodutor do lido, têm sido condenadas. Ou não estará por trás da mera repetição do livro um "treinamento" implícito do repetir sem questionar, sem aprofundar-se, sem relativizar verdades/ordens?

O inquestionável, portanto, é que para se chegar mais perto desses aspectos, que a leitura oportuniza, é preciso revê-la, enquanto ato democrático que abre possibilidades iguais a todos os cidadãos.

Mostra-se lógico, portanto, que, diante de argumentos em defesa de um novo conceito do ato de ler, muito se tenha mudado no seu encaminhamento. No entanto, o que se tem visto – com exceções, logicamente – é um discurso ainda extremamente distanciado da prática: exercícios enfadonhos que comprovem um resultado de leitura e/ou interpretação do lido, análise teórico/mecânicas de textos literários e os já conhecidos resumos de texto, disfarçados em teatros ou outras atividades lúdicas que garantam a memorização do enredo para possíveis cobranças em provas, testes e concursos dos quais o vestibular é o exemplo máximo. Como se literatura fosse apenas a história que se conta e não, especialmente, como se conta essa história.

Sabe-se, também, da importância do lúdico aliado ao prazer do texto literário para a socialização das descobertas individuais, para o entrecruzamento das diferentes artes, para a libertação da palavra estética, enquanto concentração de significados. Mas sabe-se, em razão de tudo isso, da utilização do lúdico apenas como pretexto para a mera repetição do texto.

Não condenando a prática do brinquedo com a literatura – desde que se use a modelagem, a dramatização, a música, o recorte, a colagem, a pintura, e/ou tantas outras formas de expressão, como maneira de descobrir, enriquecer, atualizar e até prolongar o texto, procura-se ir além na prática diária de leitura.

Uma das estratégias encontradas, portanto, é a da leitura em contraponto. Se os tempos mudaram, se as verdades, hoje, não são mais absolutas, há que se saber revitalizá-las, estejam elas escritas ou não. Receber o texto na contemporaneidade, entendê-lo, agindo sobre ele, exige uma permanente atualização. E, para isso, é necessário pensar um novo leitor: que saiba transitar entre verdades questionáveis, que saiba olhá-las em diferentes contextos, sob diferentes pontos de vista, percebendo que suas razões mudam porque mudam as situações que as constroem ou porque mudam os homens que nelas creem.

Pensando nesse sujeito que, cada dia, enfrenta novas situações, novas verdades, porque inserido num mundo cujas mudanças ocorrem rapidamente, é que a composição de blocos de histórias, a partir de um clássico, o qual tenha sido revisitado de forma significativa, se justifica enquanto uma proposta de leitura.

Selecionando a produção infantojuvenil do momento, observa-se que, num percentual altíssimo, encontram-se textos que revisitam os conhecidos clássicos infantis, num procedimento típico do ideário pós-moderno. É com essas histórias que abordam determinados mitos, a partir de diferentes olhares, que se pode trabalhar a leitura contrastiva, tão importante para a construção do leitor de hoje.

Chapeuzinho Vermelho, dos Irmãos Grimm, por exemplo, cujo enredo é um dos mais conhecidos da meninada, tem sido revisitado frequentemente nestes três séculos, após sua primeira compilação, feita por Charles Perrault.

Analisando a mudança ocorrida entre as versões iniciais – de Perrault, na França, no século XVII, e dos Irmãos Grimm, na Alemanha, no século XIX –, pode-se compará-las às novas produções, decorrentes dessa criação que, preservada pela tradição oral, correu diferentes continentes, acalentando ou insuflando ânimos durante incontáveis gerações. Vejamos algumas delas:

- *A verdadeira história da Chapeuzinho Vermelho* (Patrícia Guiwnner);
- *Mamãe trouxe um lobo para casa* (Rosa Amanda Strausz);
- *Chapeuzinho Amarelo* (Chico Buarque);

- *Fita verde no cabelo* (Guimarães Rosa);
- Filme *noir*: "O Chapeuzinho Verde" (Jô Soares);
- "O Caçador", em *Que história é esta?* (Flávio de Souza);
- *Chapeuzinho Vermelho em Manhattan* (Carmem Martín Gaite).

Pensando nas diferentes possibilidades de entendimento que um mesmo tema possa suscitar, é possível analisar, inicialmente, cada um dos aspectos que compõem as diferentes versões, as quais, na sua maioria, tratam de uma história de iniciação.

Chapeuzinho Vermelho, na voz dos Irmãos Grimm, é a história da menina, de quem a emancipação familiar começa a se impor. Autorizada, ou melhor, estimulada pela mãe, ela distancia-se de seu espaço cotidiano, "atravessando a floresta", para ir à casa da avó, que está adoentada, levar-lhe uns doces. Ao vivenciar o novo, descobre prazeres antes não vividos, como apreciar a beleza das borboletas ou colher flores, ou mesmo conversar com estranhos. Ao se permitir tais prazeres, os quais, obviamente, foram proibidos pela mãe, Chapeuzinho Vermelho dá ao lobo a possibilidade de devorar a avó e de preparar-se para – enganando-a – poder devorá-la também.

Sua morte simbólica, enquanto recolhimento no espaço escuro e apertado da barriga do lobo, na verdade, fala de seu nascimento para uma nova fase de existência. Ao vir à luz, pelas mãos do caçador, que abre a barriga do lobo, resgatando avó e neta, Chapeuzinho pode retornar a seu ponto de partida – sua casa –, fechando o círculo das histórias de viagem ou histórias de busca, cujos heróis, sempre motivados por alguma necessidade, seguem a mesma trajetória: PARTIDA – AVENTURA – RETORNO. Naturalmente, seu retorno pode ocorrer porque acrescido de uma descoberta, de uma aprendizagem, que demarca o término de um estágio de vida e o início de outro: partiu a menina, voltou a mulher.

Joseph Campbell fala, em seu *O poder do mito*, que "A única maneira de preservar uma velha tradição é renová-la em função das circunstâncias da época", (CAMPBELL, 1990: 22) e, exatamente isso, é o que se pode observar nas versões de *Chapeuzinho Vermelho*.

É o caso, por exemplo, do quase clássico *Chapeuzinho Amarelo*, em que Chico Buarque, ao atualizar sua personagem, coloca-a num espaço urbano, banida de toda liberdade e coragem. Seu lobo é outro, porque noutro tempo, noutra circunstância. Ele é a representação de seus medos: do escuro, do desconhecido, do convívio social. Seu estar no mundo como mulher também é outro. A função masculina em sua vida já não é a dos dois extremos: ou a do sedutor/enganador – na pele do lobo – ou a do protetor/salvador – na pele do caçador. É Chapeuzinho Amarelo, não *mais amarelada de medo*, que, enfrentando o lobo e usando exclusivamente a palavra, faz com que ele vire um bolo, transformando com ele o seu momento.

Assim ocorre com Sara, personagem central de *Chapeuzinho Vermelho em Manhattan*, cuja iniciação se dá quando atravessa a ponte do Brooklin para ir a Manhattan visitar sua avó, uma ex-cantora, moderna e de pensamento sempre renovado, na qual encontra referências para buscar sua emancipação. Seu encontro com o lobo ocorre, de forma inesperada, em meio às árvores do Central Park, e é proporcionando o encontro dele com sua avó que Sara abre caminho para sua tão sonhada visita à Estátua da Liberdade, símbolo de sua passagem para uma nova etapa da vida. Diferentemente, portanto, da história original, ela, antes do processo final de iniciação, foi capaz de – através das histórias que leu durante sua infância – acreditar no mágico e, impulsionada por uma figura exótica, conhecida por Miss Lunatic (que tão magicamente quanto aparece, desaparece de sua vida), cortar as amarras que toda criança insiste em preservar.

São, pois, maneiras de tratar a mesma temática à luz dos novos tempos que, confrontados com a narrativa primeira, vão permitindo ao leitor iniciante a possibilidade de ir se fazendo mais atento para a não existência de verdades absolutas. Nas demais histórias, ainda se podem contrastar também as diferenças de estilos. Guimarães Rosa, por exemplo, em *Fita verde no cabelo*, liricamente, coloca sua Chapeuzinho defronte à morte da avó, levando seu leitor a refletir sobre a necessidade do enfrentamento de perdas no cotidiano familiar. Rosa Amanda Strausz, por sua vez, lida com as perdas ocasionadas pela separação dos pais e, essencialmente, com a chegada de um intruso que – devorador como o lobo das primeiras histórias – devora no espaço familiar não só o lugar do pai ausente, como a atenção daquela que ficou. Cada um, portanto, a seu modo, aponta para as perdas e ganhos que o dia a dia reserva a todo ser vivente.

Vale buscar ainda as versões satíricas e transgressoras de Jô Soares e Flávio de Souza, ou lembrar Clarice Lispector em *Aprendizagem ou o Livro dos prazeres*, no qual a personagem Lóri, em sua aprendizagem amorosa – ou na busca de si para encontrar o outro –, remete o leitor à figura de Chapeuzinho Vermelho e sua trajetória. Lóri, uma professora solteira, desgarrando-se da família, foi morar sozinha, numa cidade grande. Após vários relacionamentos com diferentes amantes, como ela faz questão de mencionar, é auxiliada por Ulisses a encontrar-se primeiro – dando conta de si – para poder encontrar-se, de fato, com o outro: no caso, ele. No papel do lobo (?) – aqui, novamente, com outra conotação –, ao sentir que Lóri já está próxima de um momento de passagem, Ulisses convida-a para ir almoçar na *floresta* da Tijuca:

> (...) e ela não precisava pensar no que ia vestir, tanto já sabia: iria com a saia xadrez de lã e o suéter vermelho que também para si comprara... De seu próprio guarda-chuva vermelho não ia precisar, já que Ulisses a apanharia à porta de casa. O que era uma pena. O seu guarda-chuva vermelho quando aberto parecia um pássaro escarlate de asas transparentes abertas. Então resolveu que sairia de casa quinze minutos antes da uma, para esperá-lo de guarda-chuva vermelho aberto. *E assim encontrou-a ele a olhou-a com admiração: ela estava extravagante e bela* (LISPECTOR, 1991:119-120).

Dessa maneira, podem-se observar as mudanças ocorridas em relação às novas formas de iniciação e emancipação, essencialmente, feminina, bem como oportunizar aos leitores em formação melhor entendimento dos textos atuais, que, sintonizados com os procedimentos do pós-modernismo, são resultantes do revisitamento a textos clássicos.

Encontram-se, ainda, histórias para os pequenos como *Chapeuzinho Vermelho do jeito que o lobo contou* ou *Pra que serve uma barriga tão grande?* que, da mesma forma que filmes mais recentes (*Shrek, A garota da capa vermelha*, entre outros), fazem alusão ao mito do *lobo mau* a partir de novas concepções.

Atendendo a algumas questões da contemporaneidade, pode-se discutir, por exemplo, a relativização das verdades, buscando a formação de um leitor menos ingênuo; a compreensão do momento literário que – como as demais artes – revisita os clássicos, dando a eles uma roupagem condizente com os dias de hoje; a oportunidade de perceber o valor de alguns procedimentos da intertextualidade, uma vez que:

> Fora da intertextualidade, a obra literária seria muito simplesmente incompreensível, tal como a palavra duma língua ainda desconhecida. E facto, só se apreende o sentido e a estrutura duma obra literária se a relacionamos com seus arquétipos (LAURENT, 1979: 5).

É o que se vê não só com o clássico mencionado de Perrault e Grimm, como também com o não menos conhecido "O Patinho Feio", de Andersen. Afinal, tantas são as versões modernas e "modernosas" do patinho que virou cisne que, para entendê-las, se faz necessário beber na fonte.

Lembrando aos menos avisados: "O Patinho Feio" é a história do feio, do pobre, do diferente, do excluído (por não apresentar as mesmas qualidades do grupo ao qual se encontra), na busca da solução *ou da fuga* do seu problema. Saindo pelo mundo, o personagem encontra o seu espaço entre os cisnes, porque é um deles. O consolo para o leitor mirim está em esperar que a mesma sorte esteja destinada a todos os mortais, cuja diferença os leva à exclusão: a da transformação, para a inserção num grupo, que além de tudo lhes garanta passagem para a ala dos privilegiados, porque *bonitos*, ou *ricos*, ou *nobres*.

Com uma nova abordagem, à luz dos dias de hoje, temos *Flicts*, editado pela Melhoramentos, que é a poética e encantadora história de uma *cor muito rara e muito triste que se chamava Flicts*. Ou, então, o patinho feio, numa roupagem nova.

Atualizando a forma de encarar as diferenças, ou a questão dos excluídos, Ziraldo, numa perspectiva nova, coloca Flicts partindo em busca da solução de seu problema, tal qual o fez o seu antecessor, com uma diferença substancial: Flicts não passa de pato a cisne, não se transforma de feio em bonito para achar seu lugar no mundo. É como Flicts mesmo que ele se resolve. Conquista seu espaço, sendo a cor da lua, para quem consegue vê-la (de pertinho, é lógico). Esse tem sido um dos enfoques pontuais que vem sendo dado às histórias infantis atuais, considerando o mundo que aguarda o seu leitor virtual, pautado nas novas crenças, que, sem dúvida, hoje são as do homem pelo homem.

Abrindo possibilidades, ainda, de releituras que possam ser feitas por diferentes ângulos, têm-se *Dourado*, de André Carvalho, que, tratando dessa temática por uma outra via, enfoca a dificuldade de um sapo – muito bonito e dourado – ser aceito pelos seus pares. Logicamente, no grupo, o especial – para mais – também se vê excluído. E Dourado, sendo assim, lida com uma outra aprendizagem: a da aceitação de um espaço reduzido, no mundo dos ditos normais, para os que de alguma forma não são considerados como tais. Principalmente, se constituírem algum tipo de ameaça para a mediocridade instaurada em determinados grupos que brigam ferozmente para manter a sua hegemonia.

Por outro lado, vale lembrar a influência da condição pós-moderna sobre as artes de modo geral: desconstruindo-as, destituindo-as de seus valores e de suas crenças, esvaziando-as de seus significados maiores. É o que ocorre, por exemplo, com *O patinho realmente feio*, de Jon Scieszka, cuja proposta gira em torno, exclusivamente, da desconstrução. Na verdade, retrata o descrédito e o pessimismo, colocando o personagem romântico de Andersen com os pés bem fincados na sua condição de patinho que nasce feio e que – dada a ela – ao crescer será *apenas um pato grande realmente feio*.

O mesmo caso ocorre com "O pintinho feio", uma narrativa em quadrinhos, de Maurício de Sousa, na qual Chico Bento acalenta a esperança de ver transformar-se numa bela ave o resultado nada bonito do ovo que havia achado no mato. A retratação do esvaziamento dos significados originais fica bastante explícita no desolamento de Chico, ao constatar que, ao invés de um cisne, seu achado não passava de um feio e escuro urubu. Nos dois casos, portanto, não ocorre o distanciamento do personagem para o entendimento e possível solução de seu problema. A viagem não ocorre, porque não há o que buscar. Existe apenas uma irredutível constatação.

Dessa forma, é possível concluir que a leitura contrastiva, muito mais do que apenas contrapor textos, vislumbrando as influências de época com seus respectivos pensamentos estéticos, oportuniza ao leitor a possibilidade de – criticamente – inserir-se em diferentes contextos, revendo seus próprios conceitos éticos e estéticos. Além disso, dos menos aos mais iniciados – brincando –, pode-se passar pela teoria literária, analisando tempo, espaço, personagem, ponto de vista e desfecho, sem que a isso seja dado o nome ou a conotação de aula.

Nesse caso, ler não é ultrapassado, enquanto ato, mas, talvez, enquanto condução que, na escola, muitas vezes, remonta há séculos.

O DESEMBOLORAMENTO DOS PERSONAGENS CLÁSSICOS INFANTIS: UMA SUGESTÃO LOBATEANA[1]

> A única maneira de preservar uma velha tradição é renová-la em função das circunstâncias da época (CAMPBELL, 1990: 22).

Nas atuais circunstâncias uma das atividades fundamentais da escola está na formação do leitor. Para um trabalho significativo e sistemático com a leitura literária, devem-se levar em consideração os critérios de seleção das histórias, bem como as estratégias de exploração lúdica do texto a ser destinado às crianças, tendo em vista a qualidade.

E nada agrada mais as crianças no reino das histórias que os clássicos contos do *era uma vez*. Inovador como poucos, o escritor Monteiro Lobato conseguiu propor momentos de fantasia aliados à realidade, possibilitando, inclusive, que seus heróis visitassem áreas pedagógicas: gramática, matemática, geografia, história, enfim, percorrendo os contextos didáticos pertencentes ao ambiente escolar, tão conhecido de seus pequenos leitores.

Também durante toda sua produção literária infantil, Lobato mencionou, revisitou e sugeriu novas roupagens para os clássicos personagens do faz de conta. Das visitas dos heróis picapauenses a espaços inusitados ao acolhimento das célebres figuras encantadas no Sítio do Picapau Amarelo, percebe-se a intenção do autor de manter vivos os personagens clássicos e de tirar-lhes o *bolor*, dando-lhes possibilidades de, a partir de novas aventuras e atitudes, adaptar-se ao mundo das suas criaturas.

---

[1] Produzido em parceria com Cleber Fabiano da Silva. Apresentado no Congreso Lectura '99 – Para leer el XXI. Havana: Comité Cubano del IBBY, nov. 1999.

Veja-se, por exemplo, o ocorrido no início de *Reinações de Narizinho*. Dona Carochinha chega ao Reino das Águas Claras à procura do Pequeno Polegar, que fugiu do livro no qual morava. Depois de percorrer todos os reinos encantados sem o encontrar, desabafa com Narizinho:

> Tenho notado que muitos personagens das minhas histórias já andam aborrecidos de viverem toda a vida presos dentro delas. Querem novidade. Falam em correr mundo a fim de se meterem em novas aventuras. Aladino queixa-se de que sua lâmpada maravilhosa está enferrujando. A Bela Adormecida tem vontade de espetar o dedo noutra roca para dormir mais outros cem anos. O Gato de Botas brigou com o marquês de Carabás e quer ir para os Estados Unidos visitar o Gato Félix. Branca de Neve vive falando em tingir os cabelos de preto e botar ruge na cara. Andam, todos revoltados, dando-me um trabalhão para contê-los. Mas o pior é que ameaçam fugir e o Pequeno Polegar já deu o exemplo... (LOBATO, 1986: 12).

Essas insinuações lobateanas sobre a necessidade de atualizar as histórias clássicas não param por aí. Ao ouvir o ocorrido, Pedrinho estranha o fato de Polegar ter escapado de sua história, levantando a seguinte hipótese:

> (...) Se Polegar fugiu é que a história está embolorada. Se a história está embolorada, temos de botá-la fora e compor outra. Há muito tempo que ando com esta ideia – fazer todos os personagens fugirem das velhas histórias para virem aqui combinar conosco outras aventuras. Que lindo, não? (LOBATO, 1986: 52).

Pesquisando critérios para a seleção de textos infantis e juvenis, encontraram-se – nas últimas décadas – inúmeras versões e releituras desses antigos contos. Desse modo, surgiu a ideia de, a partir de clássicos apontados por Lobato, formar blocos com os revisitamentos para se criar novas propostas de leitura e *desemboloramento* de verdades cristalizadas. Dentre as narrativas mais revisitadas, estão as que giram em torno das obras de Charles Perrault, dos Irmãos Grimm e de Hans Christian Andersen.

Como a proposta aqui está centrada numa metodologia inspirada na sugestão lobateana, optou-se pela análise de narrativas contemporâneas, com o intuito de nelas reconhecer os diferentes contextos, culturas, pontos de vista, protagonismo e linguagens, identificando os recursos utilizados em tais revisitamentos.

Para discutir aqui, o conto escolhido foi *Cinderela*, uma das personagens clássicas que foge das *velhas histórias* a fim de viver novas aventuras no Sítio do Picapau Amarelo. Protagonista dos contos que apresenta o maior número de versões, alusões e intertextos, teve sua publicação pela pena de Charles Perrault, no livro *Contos do tempo passado com moralidades*, em 1697, contendo o subtítulo de "Contos da Mamãe Gansa", através do qual ficou mais conhecido. As informações presentes nos títulos indicam, respectivamente, sua antiguidade e seu caráter de tradição oral.

Em seu enredo tradicional, de estrutura simples, a narrativa conta a vida da menina órfã de mãe, maltratada pelas irmãs e pela madrasta, e que sofre o maior dos martírios até ser recompensada através do casamento com o príncipe. Imortalizada no cinema por Walt Disney, seu êxito pode estar ligado ao fato de o desenho animado manter os principais elementos dessa compilação.

Outra versão de *Cinderela* foi registrada pelos Irmãos Grimm (Jacob e Wilhelm), na Alemanha de 1812, publicada com o nome de *Contos para crianças e para o lar*. Apesar de manter a matriz fundamental da história, uma das diferenças está no fato de as irmãs cortarem o dedo do pé e o calcanhar para calçarem o sapatinho. Também diverge o modo como o vestido foi confeccionado, visto que a fada madrinha não ajudou Cinderela a fazê-lo, e sim ela contou com a ajuda das pombas mágicas. Ainda no desfecho da história, nessa versão, as mesmas aves castigam as filhas da madrasta, arrancando a bicadas os seus olhos.

De acordo com Warner (1999: 243), os Irmãos Grimm revisaram a coleção Kinder und Hausmärchen e, redigindo sucessivos rascunhos, Wilhelm Grimm em particular acabou: "impregnando a nova edição de seu fervor cristão, carregando nas tintas morais do enredo, distribuindo castigos aos maus e recompensas aos justos, com o fim de amoldar-se aos valores cristãos e sociais dominantes".

Constata-se que nas duas versões mais famosas compiladas no Ocidente (uma vez que existem registros da mesma história na China do século XVIII), seja do nobre da corte francesa Charles Perrault, seja dos Irmãos Grimm, a narrativa passa por um processo de adaptação da tradição oral para o registro escrito, ganhando, portanto, ares literários.

Na versão popular da Rússia, registrada em terras brasileiras por Tatiana Belinky, o conto "Vassilissa, a Formosa" apresenta uma versão dos *skázkas* – contos de fadas e maravilhosos de seu país natal. Dentre as mudanças no enredo clássico encontra-se o fato de, em seu leito de morte, a mãe de Vassilissa entregar-lhe uma boneca. "Não a mostres a ninguém, e quando te acontecer algum desgosto, dá-lhe de comer e de beber, e pede-lhe conselhos". O tempo passa, as irmãs e a madrasta tornam-se feias e magras pelas maldades cometidas com Vassilissa. Essa, por sua vez, mostra-se cada vez mais bela, até ser recompensada com o fatal *happy end*. Vassilissa jamais esqueceu a gratidão de sua bonequinha, pois dela "não se separou nunca (...) carregou-a num bolso escondido de sua roupa até o fim da sua vida, uma vida longa e muito feliz".

De escrita humorística e projeto gráfico inovador, o livro *O patinho realmente feio e outras histórias malucas* desconstrói muitos dos clássicos contos de fadas e realiza grandes processos intertextuais. A obra de Jon Scieszka traz no conto *Cinderumpelstiltskin* uma mistura da personagem aqui estudada com o Rumpelstiltskin, dos Irmãos Grimm. Um pequeno homem aparece quando vê Cinderela chorando por não participar do baile com as irmãs e se propõe a ensiná-la a fiar palha e transformá-la em ouro, se adivinhar o seu nome. Ela recusa dizendo que, "na verdade deseja um vestido para ir ao baile". Desse modo, perde a oportunidade de realizar seu desejo e, quando conta o ocorrido à madrasta e às irmãs, por "serem malvadas mesmo, mudam o nome dela para Cinderumpelstiltskin".

Procedimento semelhante usa Paula Mastroberti, ao revisitar e prolongar o tema da Borralheira, trazendo a personagem para os dias atuais no livro *Cinderela: uma biografia autorizada*. Nesse caso, tanto Cinderela como sua fada madrinha resolvem sua problemática de forma prática, cujo processo constitui um amadurecimento lento e gradual, longe do passe mágico costumeiro das varinhas de condão. Com linguagem, ilustrações e projeto gráfico moderno, o narrador em sua busca pela "fidelidade" dos fatos mostra que, antes de casar com o príncipe "e muito namorarem, brigarem, discutirem e reatarem novamente [...] ela até pensou em largá-lo e montar sua firma de comida congelada". Aqui o final da madrasta e das irmãs foi atualizado, sendo que a justiça nem sempre se mostra comprometida com o politicamente correto e, na última página, as três acabam "flagradas pelas lentes de um *paparazzi* numa distante ilha tropical".

Pedro Bandeira, em *O par de tênis*, contextualiza a história cujo início se passa dentro de um ônibus coletivo, com as protagonistas dirigindo-se para a periferia em que moram. Pela conversa de Caroline e Simone, o leitor descobre que elas trabalham em uma fábrica empacotando tênis de luxo. Com a ajuda da amiga (madrinha), Caroline (Cinderela) viverá as mesmas emoções que a personagem da narrativa original: realizar seu desejo, perder – no contexto atual – o seu tênis de luxo e realizar um casamento. Contudo, seu príncipe lhe fará a grande revelação: "no momento, eu só tenho um emprego de *office boy* numa firma de contabilidade". E apesar de todo o sonho de uma pretendente à princesa moderna, finaliza seu conto de fadas "procurando enxergar-lhe a alma, o interior, queria ver entranhado nele todo o carinho que ela sentia por ele, naquele momento, e para sempre...".

Babette Cole transporta a história de Cinderela para o universo masculino na obra *Príncipe Cinderelo*. Sua aparência representa a desconstrução idealizada do homem-príncipe perfeito, a partir de sua descrição: *baixinho, sardento, magricela e molambento*, bem como desvincula as tarefas domésticas historicamente representadas pelo gênero feminino. Sofrendo de chacota e fadado à limpeza da casa, sentava perto do fogo e sonhava em ser igual aos irmãos. Por magia de uma fada atrapalhada, sua transformação em macaco realiza seu sonho, ser *enorme e peludo*, mas não garante a sua entrada no *Embalo Real*. O novo destino apenas lhe reserva alguns momentos de possível mudança, pois, ao badalar meia-noite, volta a ser ele mesmo e acaba perdendo a calça. Dentro dessa condição de alteridade, casa-se com a princesa e a madrinha transforma seus irmãos em fadas domésticas.

Mudando completamente o enfoque dos textos anteriores, Flávio de Souza, em *Le cad rein ou o lagarto*, preocupa-se em contar a história sob o ponto de vista de um personagem secundário, cuja vida apenas se encontra em alguns momentos com o protagonismo de Cinderela. Trata-se de um lagarto que morava perto de uma lagoa e aguardava o beijo de uma linda princesa para se metamorfosear num belo príncipe. De tanto esperar, uma fada apareceu, "balançou no ar uma coisa que ela tinha na mão e parecia uma varinha de condão" e o lagarto transformou-se num lacaio.

"A noite do baile foi maravilhosa, vários lacaios pediram criadas em namoro", inclusive ele. De repente, o relógio do palácio soou as doze badaladas e tudo voltou ao normal. O lagarto ficou muito desapontado, tomando a decisão de crescer e virar um dragão "para morder e soltar fogo pelas narinas para queimar bichos humanos". Passaram-se muitos anos e ele percebeu que um lagarto não se transforma num dragão. "Então soltou um suspiro, deu meia-volta e foi para a beira da lagoa". Mas nunca perdeu a esperança de que uma princesa ao passar visse o seu sorriso, desse um beijo nele e, transformando-o em príncipe, "talvez, ah, talvez a princesa quisesse casar com ele. E os dois seriam felizes para sempre!".

Muito parecido e bastante interessante é o enfoque dado por Márcio Trigo à *Verdadeira história dos sapatinhos de cristal*. Em seu livro, a discussão proposta pela temática gira em torno de outros personagens, dessa vez, pelo par de sapatos Botelho e Botina, pertencentes a Heitor. O garoto os abandonou no fundo do armário, onde se consolavam da chegada velhice: "O que eu não aguento é ser trocado por esse pirralho que chegou agora, o tal sapato de borracha". Quando a mãe de Heitor estava prestes a jogá-los no lixo, entra pela janela uma fada, explicando ser também a madrinha de uma menina que precisava ir ao baile e não tinha sapatinhos de cristal.

Através de passe de mágica foram transformados e, em poucos momentos, desfilavam no baile, calçados nos pés da linda e jovem princesa. Sem acreditar, Botelho e Botina pareciam sonhar: jovens, admirados e em lua de mel. Mas a inevitável separação ocorrida pela perda do sapatinho modifica suas vidas, "Botelho nunca havia separado de Botina e a sensação era de que a sua vida tinha se acabado". Ambos buscavam suas amadas – "o pé que nele couber deverá ser o pé da mulher que roubou meu coração", afirmava o príncipe. A originalidade dessa obra encontra-se na história de amor paralela ao enredo tradicional, uma vez que, a partir do encontro, os dois pares românticos resolvem seus conflitos.

Na literatura adulta, vale conferir o modo como o romântico dos românticos, José de Alencar, em *A pata da gazela*, publicado em 1871, faz uso do mote do *pezinho ideal*, discutindo as questões essenciais do encontro homem/mulher sintonizado, naturalmente, com o que rezava o ideário burguês brasileiro, transplantado do modelo europeu. Além do retrato da vida na corte, esse romance também apresenta um homem apaixonado não exatamente por uma mulher, mas por seu mimoso pé. Conforme sua eufórica constatação, quando encontra sua amada: "É ela! Não há dúvida. Para sentir esse pudor exagerado e incompreensível é preciso ter ali oculto um pé como aquele que sonhei. Um pé? Não, um mimo, uma maravilha, um tesouro, um céu! (ALENCAR, 2002: 48).

Flávio de Souza amplia o tema da Borralheira através de uma narrativa epistolar, *Anastácia e Bonifácia*, mostrando as personagens centrais depois do tradicional *felizes para sempre*. Com diferentes pontos de vista e uma riqueza de detalhes que apontam o jogo desmedido de interesses e compõem o cenário perfeito para a sedução, o romance e o casamento com o príncipe, o livro descreve de modo magistral uma série de versões para o fatídico dia do baile, de acordo com o "você sabe que eu sei que você sabe que eu sei que...".

Vale ressaltar o aspecto não linear de narrar a história, exclusivamente a partir das cartas, cujas linguagens e discursos acabam por captar a essência da personalidade de todos os envolvidos: desde o modo mais ingênuo de Bonifácia ou mais astuto de Anastácia às contínuas insinuações acerca do caráter supostamente interesseiro da heroína:

> Cinderella fez AQUILO para Ferdinando na noite do baile das pretendentes. No terraço, quase à vista de uma multidão. Esse foi o golpe BAIXO que decidiu a disputa pelo homem mais cobiçado do mundo ocidental. Foi o dote da donzela, o xeque-mate, o tiro na mosca (SOUZA, 1995: 134).

Marcadamente contemporânea na estrutura, a obra oferece um grande número de intertextualidades e referências, tanto das outras versões tradicionais de Cinderela como de grandes cânones literários.

Como estratégia de leitura e releitura de diferentes linguagens, a pesquisa ainda contou com o contraponto realizado a partir da análise do filme *Para sempre Cinderela*, de 1998, dirigido por Andy Tennant. Inicialmente, a película possui uma estrutura muito similar à versão de Perrault. O diferencial fica por conta da personalidade de uma ousada jovem da França, do século XVI, que dispensa a tradicional fada madrinha ou pombas encantadas e, literalmente, carrega o seu amado nas costas. Mais importante que mostrar as resoluções de seus conflitos pessoais, Danielle – a nada passiva Borralheira – inspira o seu príncipe a dar conta da sua própria condição, encontrando seu projeto de vida.

Um dos pontos significativos ocorre no início do filme, quando a rainha da França recebe os Irmãos Grimm para esclarecer os fatos do que ela chama de *a verdadeira história de Cinderela*. Segue interessante diálogo:

Rainha:
– Eu considero sua coleção de fábulas folclóricas maravilhosa. Contudo, devo dizer que fiquei muito perturbada quando li sua versão de Cinderela.
Jacob Grimm:
– Há aqueles que juram que a narração de Perrault com a fada madrinha e as abóboras mágicas estaria mais próxima da verdade.
Wilhelm Grimm:
– Alguns dizem que o sapato era feito de pele. Outros insistem que era de vidro. Bem, imagino que nunca saberemos.
Rainha:
– Talvez vocês me permitam corrigir os fatos [...]. Qual é aquela frase que vocês usam? Ah sim... Era uma vez...

Na linguagem do teatro, Vladimir Capella, premiado autor de destaque na dramaturgia infantil e juvenil, faz uso da temática, adaptando para os palcos a variante do conto como circulava em Sergipe, na compilação de Silvio Romero, em seus *Contos populares do Brasil*.

Em *Maria Borralheira*, a personagem ganha mais força e personalidade no trato com a madrasta e as irmãs e tem como elemento mágico uma vaca, que realiza as tarefas impossíveis a ela impostas. Interessante ressaltar a riqueza nas rubricas para os elementos visuais e musicais sugeridos para a encenação e para o cenário que, além de colaborar, dialogam e ampliam o sentido do texto verbal:

> Sugiro que a cenografia seja feita com muitos bonecos ou manequins vestidos ricamente, espalhados pelo palco, para dar uma dimensão maior ao baile. Estáticos, é claro. A intenção é mesmo a de montar uma vitrine, uma exposição de luxo, dando uma ideia um pouco crítica do ambiente. A ostentação como algo sem alma (CAPELLA, 1998: 39).

As distintas versões e revisitamentos para a história *Cinderela* ou *A Gata Borralheira* permitem afirmar que alguns elementos, além de repetirem-se, são usados com muita frequência. Dentre os mais comuns estão: a adaptação e contextualização da narrativa, a desconstrução do clássico, a intertextualidade e as formas distintas de protagonismo, fazendo com que em algumas narrativas a menina rompa com sua passividade secular e experimente novos modelos de comportamento.

Com tantas diferenças nas técnicas de escritura do texto, também vale visitar algumas posições psicanalíticas feitas por Bruno Bettelheim (1980), em seu clássico *Psicanálise dos contos de fadas*, ou ainda em obra recente do casal Mário e Diana Corso (2006), denominada *Fadas no divã*. Esses afirmam que a permanência dessa história nos dias atuais é curiosamente extemporânea:

> Enquanto na prática as mulheres já não precisam sair de casa no dorso do cavalo de um príncipe, Cinderela e seu sapatinho persistem na fantasia feminina como um protótipo a ser levado em conta (...) a vida das mulheres mudou, mas a construção da identidade feminina ainda requer que ela se disponha a desempenhar certo papel para uso da fantasia masculina (CORSO, 2006: 114).

Existem muitas primas folclóricas de Cinderela e, em tempos e espaços distintos, elas continuam a encantar, trazendo seus conflitos, mitos e ritos nas mais variadas linguagens. Seja na literatura para adultos, naquelas destinadas aos pequenos ou aos jovens, no teatro, cinema, quadrinhos, enfim, são histórias que respondem de modo bastante sugestivo às questões internas da condição humana. Condição essa, presente no *fatum*, nesse destino constitutivo do sistema de valores estético-discursivos que geraram a narrativa.

Por essas razões e, essencialmente, pelo processo de busca de maior competência leitora é que se mostra significativa a presente experiência. Ser leitor é, no mundo contemporâneo, não ser mero repetidor, mas criador do texto lido. Portanto, é ser alguém que discute, aceita ou rejeita as opiniões veiculadas pelos discursos contidos nos textos, intertextos e contextos, a partir das suas próprias perspectivas. Nesse caso, essas leituras contrastivas, com diferentes formas de abordagem, *desemboloram* os temas clássicos e *arejam* as verdades incorporadas de forma acrítica por seus leitores.

PERSONAGENS CLÁSSICOS E ESCOLA: NOVAS POSSIBILIDADES DE LEITURA[1,2]

Muitos são os revisitamentos dos clássicos infantis: d'*o Chapeuzinho Vermelho* e *Cinderela* (Perrault e Irmãos Grimm), que são os mais conhecidos da meninada, até os menos conhecidos como "O Rei Sapo", dos Irmãos Grimm, ou "O Rei está nu", de Andersen.

Sintonizados com o ideário pós-moderno, os textos infantojuvenis, atualmente, num número expressivo, ironizam, repetem, invertem ou simplesmente desconstroem os significados dos clássicos para crianças, principalmente, dos contos de fadas.

A pesquisa em questão teve por princípio formar blocos de leitura que, a partir de um clássico, levantasse todos os revisitamentos para – na busca de formar leitores competentes – trabalhar, a partir de um mesmo tema, pontos de vista, épocas, valores e procedimentos literários diferentes. Quanto mais se pôde chegar a diferentes olhares para o tema da Cinderela, por exemplo, mais fácil se tornou buscar estratégias de leitura que possibilitassem relativizar ideias, questionar verdades e/ou encontrar diferentes soluções para uma mesma problemática.

Ao formar o bloco da Cinderela, junto a um grupo de dez pesquisadores voluntários, que, por sua vez, trabalhavam com grupos de adolescentes, crianças, jovens e adultos de diferentes classes sociais e graus de escolaridade, foi possível, por exemplo, lidar com a ideia da rivalidade fraterna, pelo ponto de vista das irmãs de Cinderela, da madrasta, do príncipe, do lagarto, o qual foi o cocheiro da carruagem que a levou ao baile, ou da própria Cinderela, inserida num outro tempo, e, por isso, desconfiando da ideia do ser *feliz para sempre*.

---

[1] Apresentado originalmente como comunicação no Simpósio Internacional Brasil: 500 Anos de Descobertas Literárias, ocorrido em Brasília, mar./abr. 2000 e publicado nos anais do referido evento.

[2] Revisado para essa edição.

Noutro momento, trabalhando com esses mesmos pesquisadores, da produção lobateana, constatou-se que, em *Reinações de Narizinho*, já na década de vinte, Lobato insinuava a possibilidade de os personagens clássicos serem revisitados e, consequentemente, vistos por um novo ângulo.

Quando Narizinho se encontra no Reino das Águas Claras, surge Dona Carochinha atrás do Pequeno Polegar, que havia fugido do livro no qual morava. Ao perguntarem a ela a razão da sua fuga, ela responde: "[...] tenho notado que muitos dos personagens de minhas histórias já andam aborrecidos de viverem toda a vida presos dentro delas. Querem novidade. Falam em correr o mundo a fim de se meterem em novas aventuras..." (LOBATO, 1981: 40).

É a partir dessa colocação que os meninos picapauenses se encantam e sugerem inúmeras possibilidades de personagens clássicos conhecidos se renovarem, adaptando-se aos novos tempos.

Surgiu, então, no grupo de pesquisa, a ideia de, na continuidade da leitura de Monteiro Lobato, intercalá-la com a apresentação do personagem clássico mencionado e/ou revisitado por ele e, em conjunto, buscar as versões contemporâneas existentes. Dentre os blocos feitos destacou-se o clássico "O Rei Sapo", dos Irmãos Grimm. O mote para sua formação surgiu no capítulo "O marquês de Rabicó", no qual Narizinho tenta convencer Emília a casar-se com o porquinho Rabicó. A boneca indignada declara que jamais se casaria com um poltrão como aquele. E na tentativa de Narizinho convencê-la, encontrou-se a possibilidade de formar esse novo bloco, pois a explicação que a menina oferece à boneca nos remete à narrativa infantil, na qual o personagem sapo se transforma em príncipe. Veja-se:

> Você está enganada, Emília. Ele é um porco e poltrão só por enquanto. Estive sabendo que Rabicó é príncipe dos legítimos. Que uma fada má o virou em porco e porco ficará até que ache um anel mágico escondido na barriga de certa minhoca (Lobato, 1981: 60).

Associando, então, a ideia da transformação de príncipe em porco com a do príncipe em sapo, retomou-se o clássico "O Rei Sapo", dos Irmãos Grimm, permitindo que os envolvidos nesse processo apontassem as marcas da intertextualidade presentes aí. Feito isso, partiu-se para a recolha de títulos que revisitassem a versão dos autores alemães.

Foram encontrados: *A princesa e o sapo*, de Will Eisner; *Sapo vira rei, vira sapo*, de Ruth Rocha; *Príncipe sapo: continuação*, de Jon Scieszka; *A Princesa Sabichona*, de Babette Cole; *O problema de Clóvis* e *O feitiço do sapo*, de Eva Furnari; *A princesa e o sapo: do jeito que o príncipe contou*, de Maurício Veneza; "O outro príncipe sapo", em *O patinho realmente feio e outras histórias*, de Jon Scieszka.

Vale ressaltar aqui que, além das possibilidades de se trabalhar a leitura em contraponto, visando a um leitor mais leiturizado, capaz de transitar entre diferentes enfoques da mesma temática, na busca, em última instância, do seu próprio ponto de vista, observaram-se também outras formas de abordagem utilizadas pelos autores encontrados. Os títulos selecionados passaram de narrativas visuais, histórias em quadrinhos, textos em que o verbal e o visual se entrecruzavam, dialogavam e/ou se complementavam, até textos tradicionalmente construídos ao lado de narrativas contemporâneas, que apenas desconstruíram os significados do conto original.

Além disso, é na busca de um cidadão cada vez mais letrado e leiturizado que a escola se encontra ou deveria se encontrar. Essa nos parece uma estratégia. Ao lidar com textos contemporâneos, especialmente os pós-modernos, buscar os significados que estão por trás deles e de suas ilustrações, traçando paralelos entre eles (os textos) e suas próprias histórias, é que o leitor poderá cada vez mais fazer-se cidadão, trazendo essas experiências para outras tantas de seu cotidiano, que exigem igual cuidado de análise e de leitura. E, se é o leitor que deve no meio de todas as versões expostas encontrar a própria, essa pesquisa ousou no seu final expor cópia (on-line) da tela "O Sapo", de Tarsila Amaral, para – em contato com a figura que povoa tantas das versões literárias analisadas –, através apenas da contemplação, criar ou não o que lhe parecesse, de forma muito particular, significativo.

Foi o que se fez. Pareceu válida a tentativa. Fica aqui aberta para as críticas e as devidas sugestões.

EMÍLIA E PINÓQUIO: DE BONECOS FALANTES A SERES CONSCIENTES[1]

> [...] *a palavra é o material privilegiado da consciência, pois é através dela que o homem elabora sua compreensão de mundo, seu entendimento de si e dos outros...*
> (BAKHTIN, 1998: 123).

Dentre os personagens marcantes da literatura infantil no mundo, dois deles merecem destaque especial. São eles Pinóquio (1881), do italiano Carlo Collodi, e Emília (1921), do brasileiro Monteiro Lobato. Isso porque ambos os bonecos, o primeiro de madeira, a segunda de pano, se diferenciam de outros do gênero, por fazerem uso da fala. Pinóquio já traz no material de que é feito (madeira, simples, das que servem para o fogo) a presença da palavra: conversa com Geppetto, enquanto é esculpido. Emília, segundo suas próprias palavras, em *Memórias de Emília*, nasceu muda como os peixes. Começa a falar a partir das pílulas falantes do Doutor Caramujo, célebre médico do Reino das Águas Claras, já no início de sua vida em *Reinações de Narizinho*.

Sendo a possibilidade da aquisição e desenvolvimento da linguagem imanente ao ser humano, entende-se a razão de ambos, ao final de suas histórias, transformarem-se em gente. Afinal, a linguagem permite o exercício consciente do estar no mundo. Sendo assim, Emília e Pinóquio vivem diferentes aventuras, retratando a partir de suas experiências a concepção do "vir a ser gente" de seus autores e respectivos contextos.

Os contextos nos quais os personagens foram criados justificam as diferenças que, ao longo da trajetória dos dois bonecos, os fazem tão distintos, enquanto seres humanos. Diferentemente de Emília,

---

[1] Publicado originalmente nos Anais do IV Seminário Estadual de Arte na Educação; Programa Institucional Arte na Escola – polo FURB. Blumenau: FURB, 2007.

por exemplo, Pinóquio, em suas aventuras, sai em busca do prazer e da vida fútil. Numa conversa que tem com o Grilo Falante, em *As aventuras de Pinóquio*, ele justifica porque não gosta de ir à escola e o que na verdade gostaria de fazer: Veja-se:

> – Se você não gosta de ir para a escola, por que não aprende pelo menos uma profissão, que dê para ganhar honestamente um pedaço de pão?
> – Quer saber? – perguntou Pinóquio, que começava a perder a paciência.
> – Entre todas as profissões do mundo, só tem uma que eu realmente gosto.
> – E qual seria essa profissão?
> – A de comer, beber, dormir, me divertir e vagabundear de manhã até de noite (COLLODI, 2002: 21-23).

Emília, por sua vez, participa de inúmeras aventuras vividas pelo pessoal do Sítio do Picapau Amarelo, aliando prazer à descoberta, ao estudo, à pesquisa, a experiências que mexem no mundo e em seus conceitos. É assim que ela desce ao reino das Águas Claras, com Narizinho, em visita ao Príncipe Escamado; faz uma viagem ao céu com toda a turma, de onde traz um anjinho de asa quebrada; vai ao País das Fábulas, onde conversa com Esopo e La Fontaine, tecendo opiniões e críticas às fábulas criadas por eles; excursiona com os netos de Dona Benta ao País da Gramática, para ali questionar o engavetamento da língua; sai em busca da casa das chaves para tentar desligar a chave da guerra e pôr fim a Segunda Guerra Mundial.

Como se pode notar, são diferentes as aventuras que levam Pinóquio ao teatro de marionetes no horário em que deveria estar na escola e pelo qual vende sua cartilha, ou ao País dos Brinquedos, onde acaba se transformando num burro, após viver aventuras que nada proporcionam, além do divertimento e descanso puro e simples.

A trajetória vivenciada pelos dois personagens permite uma leitura de contraste para – nas suas semelhanças e distanciamentos – evidenciar o que faz de Pinóquio e de Emília dois seres humanos. O quadro a seguir aponta as diferenças de contexto e de objetivo dos personagens, até a transformação de ambos:

PINÓQUIO	EMÍLIA
Esculpido por Geppetto em madeira simples;	Confeccionada por tia Nastácia, de pano e olhos de retrós;
Mundo masculino e pobre;	Mundo feminino e rico;
Feito de madeira, de uma só cor;	Feita de retalhos coloridos;
Feito de material rígido;	Feita de material flexível;
Nariz grande;	Olhos grandes;
Pedaço de madeira já era falante;	Começou a falar depois das pílulas do Doutor Caramujo;
Vida da escola;	Escola da vida;
Não se interessava pelas letras: vendeu a cartilha;	Gostava de ouvir histórias e escreveu suas memórias;
Era enganado;	Gostava de enganar os outros;
Era ingênuo;	Era esperta;
Foi explorado;	Era exploradora;
Chorava e se lamentava diante dos problemas;	Procurava e criava soluções para os problemas;
Era aventureiro: queria buscar o prazer e a boa vida;	Era aventureira: queria conhecer o mundo e interferir nele;
Quando errava pedia perdão e prometia não repetir o erro;	Quando errava queria provas (argumentos) do seu erro para voltar atrás;
Adquiriu consciência através da linguagem, concluindo que é preciso adaptar-se ao mundo e suas regras;	Adquiriu consciência através da linguagem, concluindo que é preciso ser agente da própria história;
Homem \ italiano \ século XIX;	Mulher \ brasileira \ século XX;
A transformação em menino é o final feliz de sua história;	A transformação faz parte de um processo que não finda;
Estruturalmente apresenta um final fechado;	Estruturalmente apresenta um final aberto;

> "– Como eu era engraçado quando era uma marionete! E como estou contente agora que me tornei um bom menino" (COLLODI, 2002: 191).

> "[...] eu sou a evolução gental daquela bonequinha pernóstica!" (LOBATO, 1990: 80).

Pinóquio é um boneco de madeira, de uma só cor e bastante rígido. Emília, por sua vez, é colorida e, por ser feita de pano, extremamente flexível. Os contextos nos quais estão inseridos parecem justificar a estrutura e aparência de ambos: enquanto o mundo do primeiro é milenar, tradicional e seguidor de uma das mais convencionais religiões, a católica, a segunda pertence a um mundo novo, com uma identidade em formação, a partir da miscigenação de inúmeras raças, cores e credos, exigindo maior flexibilidade para o constante adaptar-se ao novo. Talvez por essa razão, Pinóquio, ao ser criado, já tinha voz, enquanto Emília precisa adquiri-la a partir da ciência encontrada em outro reino que não o seu.

Quanto à escola, a diferença entre ambos é significativa, pois Emília faz parte de um mundo que valoriza a cultura vinda dos livros (Dona Benta sempre contava histórias ao grupinho picapauense do qual Emília fazia parte) e a aprendizagem, não apenas a escolar, através de pesquisas, experiências e viagens, como as que fizeram aos países da gramática e da aritmética. Isso permite à Emília tamanha familiaridade com as letras, a ponto de escrever suas memórias ou de ensinar a língua dos homens ao anjinho que trouxe da Via Láctea.

Pinóquio, por sua vez, vai à escola por imposição do pai e mesmo assim sempre foge de lá, embora seja ela o único meio de adquirir cultura, segundo sua história. Ao vender a cartilha, cujo valor era imenso, uma vez que Geppetto vendeu seu único casaco, em pleno inverno europeu, para comprá-la, Pinóquio demonstra seu total desprezo pelas letras e sua aquisição. Seus desacertos, desobediências e experiências, nem sempre positivas, são seguidas de sessões de lamúria e arrependimento, acompanhadas de pedidos de perdão e promessas de não reincidência.

Emília, em contrapartida, sempre que extrapola o bom senso em suas experiências audaciosas e irreverentes, somente aceita refazê-las a partir do diálogo e do argumento. Daí a ir traçando um perfil diferenciado de Pinóquio ao fazer-se gente. Enquanto ela busca a exceção, o ser ela mesma, ainda em construção, assim como o seu contexto histórico, ele, em suas idas e vindas, tenta moldar-se a um mundo padronizado e considerado ideal para os italianos da recém--unificada Itália.

É por essas razões – apontadas até aqui – que, ao fazer uso da consciência, porque usuários da linguagem, esses personagens bonecos se transformam em seres humanos. A diferença entre eles está na forma que elaboram o entendimento de si e do mundo do qual fazem parte: Pinóquio conclui, ao final de sua procura, que é necessário adaptar-se ao mundo e suas regras para fazer parte dele. Elaborada essa conclusão, de imediato ele se vê transformado num menino, considerando engraçada sua situação anterior, dizendo ao final de suas aventuras: "como eu era engraçado quando era uma marionete! E como estou contente agora que me tornei um bom menino" (COLLODI, 2002: 191).

Emília, ao contrário, vai se transformando aos poucos, num processo contínuo de descobertas, aprendizagem e autoconstrução, sendo capaz de, no penúltimo dos livros de sua saga, *A chave do tamanho*, concluir dizendo: "[...] eu sou a evolução gental daquela bonequinha pernóstica!" (LOBATO, 1990: 80).

Como se pode ver, a transformação dos bonecos revela a concepção de homem da época: Pinóquio, um italiano do século XIX, para ser considerado "gente", precisa adaptar-se ao mundo da escola e do trabalho. É o que faz. Depois de muita resistência, rende-se ao que a sociedade espera dele. Emília, uma brasileira do século XX, ao invés de adaptar-se ao seu mundo, revela-se uma permanente aprendiz, cujas descobertas a auxiliam a interferir no rumo da história de si mesma e de seu país, constantemente.

Nesse sentido é reveladora, também, a crença dos escritores Collodi e Lobato nas figuras do homem e da mulher, respectivamente, para discutir a "evolução gental", conforme as sábias palavras emilianas.

UM LOBO NEM SEMPRE MAU: A PÓS-MODERNIDADE E SUAS INVERSÕES[1]

Entre luzes e cores que nos arrebatam do acordar ao adormecer, nossos sonhos e perspectivas futuras são substituídos pelo, aparentemente, mundo ideal do aqui e agora. As vitrines, os *outdoors*, a televisão (agora digital), a internet, os painéis fluorescentes, as imagens imediatas conseguidas pela câmera digital e pelo celular, os recursos de sombra, luz, retoques e *fotoshop*, apontam-nos para a possibilidade de viver o aqui (embora quase sempre virtualmente) e o agora (como se o passado e o futuro não existissem). É a história que se constrói sem raízes. É a história que se quer apenas no presente. O futuro a ninguém mais pertence.

As perdas advindas desse abolir tempo e espaço veem-se preenchidas pelo consumo fácil, pelas relações frágeis, pela comunicação banal, pelo prazer imediato, independente de suas consequências (afinal, o futuro não existe), pelo mascaramento do eu que, de tão fragmentado, não tem mais como visualizar sua unidade. O que conta é aquilo que podemos aparentar em cada situação. E, dessa forma, os seres mutantes, nos quais nos tornamos, não têm mais tempo, nem interesse em chegar à essência das coisas e de si. É o vale tudo que nada vale.

Nascidos e integrados a esse mundo mutante e sem metas, que não as imediatas e descartáveis, porque substituídas por outras de igual função, nossos jovens e crianças, pequenos robôs de uma sociedade consumista e fragmentada, vivem o oba-oba de ser tudo e nada ao mesmo tempo.

Entre a euforia e a depressão vivem eles cada vez mais exacerbadamente uma vida desprovida de sonhos, perspectivas, conquistas lentas,

---

[1] Originalmente apresentado em parceria com o acadêmico de Letras e pesquisador de Iniciação Científica, Rodrigo da Silva, no III Congresso Internacional de Literatura Infantil em Chaves/Portugal: Universidade de Trás-os-Montes e Alto D'ouro, maio 2010.

aproximação com o eu e com o outro. A constituição do indivíduo deixou de valer, enquanto interior, enquanto abstração, enquanto espírito. Vale hoje a aparência, o simulacro, o faz de conta, o virtual, a representação. Se "eu posso ser tão mais na fotografia, por que devo perder tempo com construções que não se revelam além da matéria reelaborada?".

Vem daí a preocupação descomunal com o corpo, com a moda, a negação da passagem do tempo, a luta pela eterna juventude, levando o indivíduo a ignorar a morte e o que possa advir dela. É nessa perspectiva que se constrói boa parte da literatura para crianças e jovens, destacando-se um aspecto em particular: o revisitamento dos contos clássicos infantis e das fábulas, procedimento conhecido há muitas décadas. Esses, na perspectiva pós-moderna, têm visto serem negadas suas verdades, distorcidos seus valores, desconstruídas suas propostas, retaliadas suas intenções. De Perrault a Andersen, de Esopo a La Fontaine, o revisitamento tem buscado a desconstrução, negando exageradamente os valores consagrados até então. Um dos exemplos mais característicos dessa atitude é o revisitamento feito por Jon Scieszka à história romântica e carregada de otimismo de Hans Christian Andersen, "O patinho feio".

Conhecida por tantas gerações, a história do patinho feio é a história do diferente, do não bonito, do excluído que, ao final de sua aventura, se vê transformado num belo cisne, que encontra os seus iguais e, consequentemente, seu lugar no mundo, tendo assim garantida a sua possibilidade de ser feliz. Scieszka narra a mesma história, ou seja, do patinho que se sentia e era visto como feio e diferente entre os seus, e que cresce sonhando com o dia no qual se transformará num belo cisne. No entanto, ao crescer, apenas constata que se tornara "um pato grande realmente muito feio" (SCIESZKA, 1997). É o vazio, é o não sonho, é a constatação dura e fria do leitor diante do que o espera.

Afinal se, segundo Nietzsche, Deus está morto, as nossas verdades mais profundas morreram com ele e, com elas, muitas das crenças que nos faziam mais humanos, se é que se pode afirmar assim. Digamos que a perda da humanidade se dá na medida em que não se crê em nada, além da definitiva aceitação da nossa condição que, por ser irreversível, nos põe impotentes diante dela. Daí a ser mais fácil ignorá-la, mascarando-a.

Sabe-se que o mundo pós-guerra, ao tomar novos rumos, novos contornos, lentamente se definiu caótico, fragmentado, megaproduzido, desprovido de verdades. A incerteza passou a ser a certeza do mundo de hoje. Tanto é verdade que o pensamento contemporâneo se divide entre os que pensam o mundo sob o rótulo pós-moderno e os que negam tal possibilidade. É a dúvida instaurada. Para Maffesoli, em seu *O ritmo da vida*, nada mais salutar:

> Não é [então] a verdade que importa, podemos deixá-la para os clérigos de todo o tipo, mas esse pedaço de verdade de que nos aproximamos na maneira de viver o tempo, no jogo das paixões, na arte de morar ou de se vestir, em suma, naquilo que poderíamos chamar de "cosmética transcendental", como forma de nos acomodarmos no mundo como um todo, vale dizer, no ambiente natural e social (MAFFESOLI, 2007: 30).

Segundo ele ainda, "a vida é feita de destruição e construção" (2007: 11), assunto que interessa sobremaneira a essa discussão, uma vez que a destruição dos valores na literatura infantil e juvenil, que se refaz a partir dos clássicos, como se disse anteriormente, tem sido uma constante. Para Maffesoli, portanto:

> Em sua ardente atualidade, as reações e pulsões sociais só podem ser entendidas em referência à imemorial memória da experiência coletiva. A memória dos arquétipos (Jung), das figuras emblemáticas (Durkheim), das estruturas antropológicas (G. Durand), que não são formas estáticas, mas "moldes" nos quais se aninham novas maneiras de ser (2007: 18).

São essas novas maneiras de ser que se quer entender a partir de um exame e de uma análise mais apurada dos contos atuais, supostamente endereçados a crianças e jovens. Na verdade, tal qual o momento que se vive, essa literatura não tem fronteiras. Difícil ficou delimitar territórios hoje: este texto é para crianças, este é para jovens, este é para adultos. Embora se tente ainda – envenenados que fomos pelo estruturalismo – colocar tudo em compartimentos justos e predefinidos. Esses compartimentos caíram em quase todas as esferas: somos senhores sem território definido. Em contrapartida, podemos transitar livremente (?) entre o real e o virtual, entre o original e o simulacro, entre o profano e o sagrado, entre o público e o privado. Somos seres em trânsito permanente. Talvez o novo mundo que começa a se definir e que, aparentemente, não se quer mais tão pós-moderno, já tenha entrado em nossas letras, em nossa arte, de um modo geral. Afinal, é ela, a arte, que quase sempre anuncia o que está por vir.

O otimismo de Maffesoli é, de certa forma, corroborado por Baricco, quando diz que o mundo sofreu sempre a invasão dos bárbaros e que, numa primeira instância, sempre se pensava na destruição advinda de sua chegada. É, no entanto, o espaço invadido, ao amalgamar-se com os valores do invasor que toma novos rumos, ou seja, reconstitui-se. Em suma, ganha-se uma nova aparência, passa-se a caminhar diversamente, porque os bárbaros invadem nossos territórios.

Desterritorializados hoje – nosso espaço é invadido minuto após minuto por um universo novo – e, em tempo real, sem necessidade de preâmbulos, de grandes cruzadas, ou do marchar de bandeiras em ritmo lento. As mudanças se fazem aqui e agora. O que nos resta perguntar nesses novos tempos é se a maturação das coisas não é mais necessária mesmo. Tal qual o aceleramento do crescer das aves para o consumo quase imediato, também nossa cultura tem sido acelerada com as luzes, os hormônios, o não dormir, o consumir permanente, para ao final "ir para a panela mais cedo"? Como saber?

Diz Baricco, *grosso modo*, somos o que podemos ser no momento. Ao menos até que o novo venha. Veja-se um dos seus exemplos ao falar de *Ilíada*:

> [...] Gli umani hanno una sola reale chance di diventare qualcosa di più che animali astuti: morire da eroi, e cosi essere consegnati alla memoria, diventare eterno, assurgere a miti. Per questo l'eroismo non è per loro una possibile destinazione del vivere, ma l'unica . Era la porta stretta attraverso cui potevamo aspirare a una qualche dimensione spirituale. Non erano alieni dal desiderio di una certa spiritualità (l'elaborazione mitica del mondo degli dei lo dimostra): ma non avevano ancora inventato l'anima, per cosi dire. Se invece che da Faust, il demonio fosse andato da Achille, a proporre

il fatale scambio, quello non avrebbe saputo cosa dargli. Non aveva nulla da dargli[2] (BARRICO, 2006: 104).

Voltando à ideia de sociedade pós-moderna, a qual para muitos estudiosos é resultado das grandes invasões feitas à modernidade, principalmente, pela mídia, em todas as suas formas e nuanças, assistimos, de certa maneira, ao repetir-se da barbárie.

Ao analisarmos, então, procedimentos da pós-modernidade, não é difícil encontrar pontos comuns na produção literária, essencialmente essa aqui tratada, que é a endereçada a crianças e jovens.

Além disso, os textos produzidos na contemporaneidade, até certo ponto, repetem o proceder dos compiladores dos contos de fadas, que buscaram as histórias consagradas pela tradição, materializando em livros um patrimônio oral e popular de grande significação, não sem antes dar às narrativas encontradas o tom da época e da linguagem escrita. Tem sido, pois, essa literatura clássica para crianças, advinda da oralidade, que hoje passa por um novo processo de transformação, através de procedimentos peculiares, tais como atualização, inversão, prolongamento e desconstrução.

Podemos dizer que, assim como os recolhedores em suas épocas, como Perrault e La Fontaine, na França, no século XVII, e os Irmãos Grimm, na Alemanha, no século XIX, escreveram histórias recolhidas da tradição, dando a elas marcas condizentes com seus modelos de sociedade, o mesmo acontece com os escritores atuais, os quais, na reescrita e na tentativa de ressignificar os contos e fábulas tradicionais, o fazem à luz dos dias de hoje. Esse processo traz a esses novos textos situações que ora os favorecem, ora produzem efeitos negativos, fazendo com que o original seja diminuído e perca seu objetivo inicial.

---

[2] (...) Os humanos têm somente uma chance real de se tornarem alguma coisa, além de animais espertos: morrer como heróis, e, portanto, ser entregues à memória, tornar-se eternos, ascender a mitos. Por este motivo, o heroísmo não é para eles uma possível razão de viver, mas a única. Era a estreita porta através da qual podiam aspirar a uma dimensão espiritual qualquer. Não eram alheios ao desejo de certa espiritualidade (a elaboração mítica do mundo dos deuses é a demonstração): mas ainda não tinham inventado a alma. Se ao invés de ter ido à casa de Fausto, o demônio tivesse ido àquela de Aquiles para propor a troca fatídica, este não teria sabido o que lhe dar em troca. Não tinha nada para dar (trad. Georgia de Souza Cagneti).

Dentro dessa perspectiva é que analisamos obras cujos procedimentos já elencados foram construídos sob a ótica da personagem do lobo mau. Na maioria dos casos, ele perde a posição de antagonista e seu estereótipo de figura do mal deixa de existir, ou então é relativizada, sendo, às vezes, suavizada, pois a literatura contemporânea tem sido, em grande parte, destituída de figuras maniqueístas e heroicas.

Para Bruno Bettelheim (1980), o lobo, certamente, exerce determinado poder sobre nós, uma vez que a imagem do grande lobo mau nos encanta, acabando por nos atrair. Esse é um dado significativo, pois ilustra aquilo que de certa maneira está presente no imaginário da criança e, mais do que isso, vai ao encontro daquilo que lhe é próprio (a maldade, o fascínio, o desconhecido, o proibido, o perigo), assim como daquilo que lhe pode causar determinado prazer.

Pensando nesse contexto, a figura do lobo mau tem função essencial no processo de construção e de descoberta, pois a busca pelo prazer, ou pelo perigoso, nos cerca e nos evidencia de que somos seres humanos à procura de respostas aos nossos mais variados anseios e desejos. Mesmo desconstruída ou remodelada, essa figura continua nos atraindo, pois em sua essência é reveladora da nossa condição que, independente de tempo e lugar, é sempre a mesma, na ânsia pela superação de nossos limites, atendimento aos nossos instintos, inclinação ao prazer em detrimento do dever, enfrentamento do perigo e tantas outras situações que são próprias do homem desde os seus primórdios.

Dentro disso, o poema a seguir, de Sergio Caparelli (2000: 9), parece ilustrar um pouco essa discussão:

Nada se perde

Um globo
De óculos
Vira glóbulos.
Um lobo
De óculos
Vira lóbulos.
Um óculos
De óculos
Vira binóculos.

Seja para a literatura ou para a as artes, de um modo geral, o poema "Nada se perde" ilustra de uma forma muito pós-moderna aquilo que discutimos até então, ou seja, a não possibilidade da perda total. Para nada. Assim como nas diferentes invasões tudo o que se tinha era reconstruído a partir do olhar do novo, a contemporaneidade tem ganhado valores que, marcados pelo seu tempo, passaram a ser verdadeiros.

Assim, revelaram-se algumas das obras que selecionamos para este trabalho. São elas: *Procura-se lobo*, de Ana Maria Machado (autora brasileira, vencedora do prêmio Hans Christian Andersen); *O lobo e o carneiro no sonho da menina*, de Marina Colasanti; *Magali – Fábulas* (Coleção um tema só), de Mauricio de Sousa; *Chapeuzinho Amarelo*, de Chico Buarque.

Na revista de história em quadrinhos, de Mauricio de Sousa, escolhemos o revisitamento *Uma história que não está na carochinha*, para pontuar alguns aspectos referentes à desconstrução do mito do lobo selvagem e devorador dos indefesos e ingênuos. Nessa história, Sousa apresenta um lobo não apenas humanizado, mas também marcado pelo conflito das paixões humanas. Em suas conversas com o personagem Bidu, desabafa sua indecisão diante do sentimento que tem por Chapeuzinho Vermelho, que já cresceu e que apresenta atributos que o levaram a apaixonar-se por ela e também por sua avó, que, dada a sua maturidade, delicadeza e sabedoria, também o cativou.

Ao ser convidado por Chapeuzinho para ser padrinho de seu casamento com um belo rapaz, do qual está noiva, sente-se feliz por finalmente poder decidir-se. Mas, ao pensar em casar com a vovozinha, esta lhe revela seu relacionamento com o lenhador, com quem vai casar-se. Desiludido, querendo refugiar-se num mundo platônico, conhece as três porquinhas, e todo um novo conflito recomeça. Nada mais pós-moderno: o ser em angústia permanente diante das escolhas que às vezes são maiores do que as possibilidades de realização.

Chico Buarque, por sua vez, em plena ditadura brasileira (1964-1985), ao escrever *Chapeuzinho Amarelo*, cria uma personagem que, ao enfrentar seus medos – materializados na figura do lobo –, vence-o através do uso criativo da palavra. Ela, à luz dos novos tempos, representa a figura feminina que já não precisa do homem, seja no papel de pai, de caçador ou marido, para defendê-la! Sua luta é com ela mesma, daí a transformar o lobo num bolo que, aliás, não lhe apetece.

Em *Procura-se lobo*, de Ana Maria Machado, a autora nos mostra um lobo multifacetado, cujas representações vão de personagens bíblicos a literários, de figura do mal nos contos de fadas e fábulas a lobos de diferentes espécies do mundo animal. Sua passagem se dá num mundo capitalista, no qual um classificado com a chamada: "Procura-se lobo" mobiliza toda uma alcateia que, ao final, é descartada por não ser o lobo que realmente importava: da espécie em extinção. Brincando, pois, com esse personagem que há tanto povoa o nosso imaginário, o texto pós-modernamente discute questões relevantes do nosso lugar no mundo.

Partindo do conceito de revisitamento dos contos clássicos, Marina Colasanti, em *O lobo e o carneiro no sonho da menina*, usando o recurso do prolongamento e da atualização, mostra-nos um lobo que, representando todas as situações das quais dissemos ser intrínsecas à condição humana, não é motivo de fuga, e sim de possibilidade. Em contrapartida, a menina mesmo sonhando, desejando e, por vezes, burlando, o faz de maneira a representar um ser humano que controla, tenta e define suas escolhas. O mal nesse caso não é visto como uma impossibilidade, mas como uma etapa pela qual se deve passar e dela sair melhor. É o que faz a personagem, reiterando aspectos fundamentais dos contos tradicionais, que são os ritos de passagem com todas as suas implicações. Eles, ao final, quando da ordem restaurada, estão prontos para novos momentos de vida e de enfrentamentos.

Vale aqui dizer, para finalizar, que, entre as desconstruções – tantas vezes pontuadas neste artigo –, muitas são as que, lidas à luz da contemporaneidade, não somente inverteram ou atualizaram seus originais, como os superaram em possibilidades e, por que não dizer, em procedimentos estéticos.

CINDERELA:
DO SAPATINHO DE CRISTAL
AO SALTO PÓS-MODERNO[1]

A literatura infantil na contemporaneidade tem nos mostrado que existem inúmeras possibilidades de reinvenção. Nem tudo é tão novo assim. É claro que os escritores criam novas histórias, mas o fazem por meio de seus repertórios, suas leituras e impressões.

Uma vez que a leitura é o combustível da escrita, a de se considerar que nos abastecemos do passado e do presente e, quem sabe, até do futuro. Mesmo no novo existe algo de antigo. Muitas vezes lemos antigos mapas que nos levam a novos tesouros, como é o caso de algumas antigas histórias que possuem origem na oralidade, mas na contemporaneidade ganham nova roupagem, ao serem registradas na escrita com produção editorial apurada, sem deixar de ter vínculo com suas raízes. Vale lembrar que, antes da palavra escrita, existiam os textos primevos, ou textos transeuntes, que registravam a passagem do homem pela terra, alimentando o seu imaginário. Suas origens remontam às práticas religiosas e aos rituais que também deram origem aos mitos.

A literatura oral antecede a literatura escrita e formal da maneira que a conhecemos hoje, sendo atualmente entendida como uma prática e uma potencialidade que constitui o homem e o revela. Deve-se considerar ainda o fato de que é a memória oral que constitui tal literatura e ela própria significa um patrimônio cultural, um filão importante que percorre geração a geração e demonstra sua fecundidade na alma humana. Como afirma Parafita (1999: 61), "A literatura popular de tradição oral, as crenças e as superstições e outras manifestações tradicionais são tão ou mais valiosas para o conhecimento e compreensão da história e etnopsicologia dos povos, do que as ruínas dos monumentos ou os fragmentos das inscrições".

---

[1] Apresentado originalmente no III Congresso Internacional de Literatura Infantil. Chaves/Portugal, 2010, em parceria com a mestre Andréa de Oliveira e a prof.ª Áurea Cármen Rocha Lira, pesquisadora voluntária da PROLIJ /Univille-Joinville.

Por meio da literatura oral, o homem foi perpetuando sua própria história, seus saberes, sua cultura, seu imaginário, mantendo-se vivo, garantindo a própria sobrevivência, como é o caso da heroína Sherazade das *Mil e uma noites*.

A literatura de tradição oral é o resultado da valorização da fantasia e da imaginação, sendo construída a partir de narrativas de tempos remotos e que vivem oralmente entre os povos. A própria literatura infantil tem suas origens na tradição oral, nas narrativas orientais, na antiguidade clássica greco-romana, nos romances medievais, nas fábulas de La Fontaine (1668), nos *Contos da Mãe Gansa*, de Charles Perrault (1691/1699), nos registros dos Irmãos Grimm, publicados entre 1812 e 1820.

O conto de encantamento ou conto maravilhoso é também conhecido como conto de fadas. O termo "conto de fee", ou conto de fadas, vem do latim *fatum*, significando destino, e foi criado pelos franceses no século XVII por meio do registro escrito dos contos de tradição oral que ganham força com contadores como Charles Perrault, no século XVII, Irmãos Grimm, na Alemanha do século XVIII e Hans Christian Andersen, na Dinamarca, século XIX.

Segundo Coelho (1987: 16), os contos maravilhosos ou contos de fadas são:

> Historicamente nascidos na França do século XVII, na faustosa corte do rei Luís XIV e pela mão do erudito Charles Perrault; na verdade os conhecidos contos clássicos infantis têm suas origens em tempos bem mais recuados e nasceram para falar aos adultos. A verdadeira origem das narrativas populares maravilhosas perde-se na poeira dos tempos.

Alguns livros, mesmo alicerçados em antigas histórias, tratam de tramas muito atuais. O mercado editorial na área da literatura infantil mostra-se cada vez mais forte e persuasivo, com novas propostas gráficas, com apropriações que apresentam diferenças e quebram paradigmas. As ilustrações transbordam, enchendo-nos os olhos de satisfação, ou intrigam-nos devido à tamanha simbologia. Em meio a isso, os contos de fadas são alterados, desconstruídos e redirecionados, permitindo desvios que podem surpreender e modificar o curso do caminho esperado.

Vivemos a época da ressignificação, fato aceitável e compreensível em tempos pós-modernos. Época de inconstância e de rupturas que começaram oficialmente na década de 1950, por meio de uma série de transformações, como descreve Santos (1986: 8) ao falar do contexto pós-moderno: "... mudanças ocorridas nas ciências, nas artes e nas sociedades [...]. Ele nasce com a arquitetura e a computação nos anos 50. Toma corpo com a arte Pop nos anos 60. Cresce ao entrar pela filosofia, durante os anos 70, como crítica da cultura ocidental".

O pós-modernismo marca o fim da modernidade que instaurou a ávida sociedade de consumo, mas que hoje exercita o hedonismo, a sedução pelo consumo de bens e serviços. Santos (1986: 10) mostra-nos ainda que "A fábrica, suja, feia, foi o templo moderno; o shopping, feérico em luzes e cores, é o altar pós-moderno". O templo do consumo e do reinventado. A moda, a estética, tudo passa pela propaganda benfeita, pelo inevitável desfecho de desejar o que parece ser necessário, indispensável. O velho por si só, por tudo o que incorpora, não se valida na pós-modernidade. É preciso reinventá-lo, é preciso que ele exista com cara de novo.

O simulacro é mais importante do que o real, é o não lugar, é a satisfação em possuir o que a sociedade pós-moderna acha mais bonito, mais atraente, mesmo que não seja real. Sendo assim, o ser em seu sentido pleno é posto à margem ou é destituído de fronteiras. O livro passa também a ser um objeto de consumo, algo atrativo pela imagem, pela forma, etc.

Algumas obras da literatura infantil têm demonstrado e analisado esses fatos, colocando-os diretamente ou nas entrelinhas em discussão. É o caso do livro *A Princesa que não tinha reino*, de autoria de Úrsula Jones, 2009, no qual se pode perceber um pouco disso. A personagem principal, que é uma princesa, não tem reino, tem apenas uma carroça e um pônei, e nesse aspecto ela se parece com uma velha conhecida dos contos de fadas: Cinderela. A semelhança vem de seu estado de pobreza extrema, suas roupas com remendos, sua simplicidade e doçura. Ela é só no mundo, mas é bem resolvida, aceita sua condição e transcende suas possibilidades, aproveitando bem as oportunidades, não admitindo desperdício de comida e sendo solidária. Trabalha duro entregando encomendas e vive sem território, mas, acima de tudo, sem fronteiras. Algo bem contemporâneo: a desterritorialização, a falta de delimitação não só do espaço físico, mas a transposição para outros níveis como nos meios de comunicação. As infovias, o alastrar da internet, o aqui e agora, tudo ao mesmo tempo e em tempo real. São inúmeras as conexões.

Uma princesa que não precisa de um território, mas precisa estar em movimento. Ela não tem os sapatinhos de cristal como Cinderela, mas participa do baile e, apesar de não ser tão bem recebida, dança a noite inteira com o rei que acaba de ser coroado, lustrando o salão com suas meias vermelhas, deixando as outras princesas morrerem de inveja, tal qual as irmãs de Cinderela.

O príncipe dessa história também parece estar à procura de uma princesa. O fato é que ela não está à procura de um príncipe, o que se confunde com a vida real, na qual muitas moças vão à luta sem esperar por um príncipe que as proteja.

A princesa que não tinha reino é bem informada e decidida, não fica se lamentando com as dificuldades que surgem em seu caminho. Se não lhe servem chá na louça mais fina ou não lhe oferecem os melhores biscoitos, não há problema; ela aceita os fatos como eles são, não se aflige. Também não espera intervenções mágicas, apesar de ter os pés aquecidos pelo par de meias vermelhas que ganhou do bobo da corte.

Uma princesa que não é ambiciosa ou consumista se opondo à sociedade das exigências. É um conto de fadas do avesso, sem fadas, desconstruindo a referência de princesa esperada em um conto de fadas normal. Em alguns momentos, faz lembrar Cinderela, mas vai além, pois ela faz suas escolhas, decide o que quer e encontra seu verdadeiro príncipe por meio de um oferecimento de ajuda, e não por deixar uma pista para que a encontrem. Ela vai atrás de seu destino e o realiza. Está fadada a ser feliz por acreditar nisso, remetendo-nos também a Sherazade, que toma seu destino nas mãos e resolve logo o problema das mulheres de seu reino. Uma história muito pós-moderna, na qual podemos ter o confronto entre o que se espera de uma princesa e quão diferente ela pode ser. Demonstrando toda a potencialidade da literatura infantil que se desdobra em texto, intertexto, ilustração e conquista, arrebatando pessoas de todas as idades, transbordando em argumento e possibilidade, ensinando-nos a viver.

Borralheira, ou mais popularmente *Cinderela*, é um dos contos de fadas mais conhecidos e apreciados. Tem em sua personagem principal a heroína e a possibilidade de ascensão social para uma outra classe, a da nobreza. Essa história é carregada de simbologias: os pés pequenos, que eram sinônimos de beleza e sensualidade desde o antigo Oriente, o sapato que, segundo o dicionário dos símbolos de Chevalier (1998: 801), "é o símbolo do direito de propriedade, [...] e o símbolo do viajante".

Na versão dos Irmãos Grimm, é todo de ouro, que é considerado um dos mais preciosos metais e também símbolo de ostentação. Com a ajuda dos pássaros, Cinderela consegue cumprir as tarefas impostas pela madrasta como condição para que lhe fosse permitido ir ao baile. O pássaro é encarado como um ser superior por voar, dominar as alturas. Como nos indica novamente Chevalier (1998: 687), "o pássaro é um símbolo da amizade dos deuses para com os homens", o que o caracteriza como um ser divino, transmissor de boas notícias e de ligação com o sagrado.

As lágrimas de Cinderela irão regar um galho de aveleira, e esta se transformará em uma bela árvore que dará a ela as vestimentas luxuosas e os sapatos. A árvore cumpre nesse caso o papel de fada madrinha, figura que está presente em outras versões. Ela foi plantada sobre o túmulo da mãe de Cinderela e apresenta aspectos mágicos presentes em outras narrativas que tratam de mitos semelhantes. Propp (s/d.: 36), ao analisar *Cinderela* dos Grimm, afirma que: "A mãe inumana desempenha a função de ajudante do outro mundo". O mito em questão é o da vida após a morte (viver em outro mundo e poder transitar entre o mundo dos vivos e dos mortos por meio de um elemento da natureza).

No contexto pós-moderno, os símbolos e os mitos aparecem de forma superficial e passageira devido à efemeridade das atuais construções narrativas que revelam o próprio ritmo que o tempo impõe à vida cotidiana. Tudo é muito declarado, exposto, os encantos são quebrados, símbolos e mitos não são considerados importantes e vão perdendo força à medida que o mistério e a ligação com o divino desaparece.

Exemplo do que se afirma pode ser constatado em outro livro que nos remete também à história de Cinderela: *A Bela Arremetida: e outros contos de fadas com bichos*, de Gregory Maguire, 2007. A obra apresenta um verdadeiro zoológico que invade os tradicionais contos de fadas, destitui personagens clássicos de papéis consagrados, atualizando-os às condições de vida pós-moderna: uma Bela Adormecida rã, Cachinhos de Ouro e pais galináceos, Chapeuzinho Vermelho sabiá, Três Porquinhos agora pinguinzinhos, e muito mais. Esse fato, que pode causar estranheza, não o é aos olhos de Gregory Maguire, pois sua obra *A Bela Arremetida: e outros contos de fadas com bichos* traz exatamente essa proposta, como tantas publicações da onda da renovação dos contos clássicos. Se tais aspectos ficam mais explícitos ao se ler Maguire, a descoberta de que tal leitura pressupõe muitas outras (relações intertextuais) só será feita pelo leitor de bom repertório, fato esse que endossa a premente necessidade de conhecimento dos clássicos desde a mais tenra idade, como é o caso do conto maguiriano "Cinder – Elefanta", leitura que remonta à *Borralheira (o Sapatinho de vidro)*, de Charles Perrault, século XVII, e *Cinderela*, de Jacob e Wilhelm Grimm, século XVIII, por exemplo, herança dos primórdios da literatura. Tal conto pós-moderno remete o leitor a espaço/tempo indefinidos: "Numa terra distante...", como nas versões clássicas, mas logo o atualiza com marcas do contemporâneo, apresentando os pais da futura Cinderela, ou melhor, Cinder – Elefanta, vivendo infelizes, apesar de possuírem um maravilhoso castelo, equipado com os mais recentes eletrodomésticos (apelos consumistas). O casal real acredita que um filho preencheria seu vazio existencial. A infelicidade da rainha a leva à doutora Canguru, que lhe dá um chá com caneca em formato de elefante e ela acaba tendo uma filha de tal espécie, fato esse que para a mãe não é visto como aberração, mesmo porque no pós-moderno tudo é possível (eliminação das diferenças). A rainha falece de emoção ao conhecer a filha (nesse momento Maguire se refere explicitamente aos clássicos: "... graças às reviravoltas típicas desses contos..."), o que leva o rei a ficar praticamente cego de tristeza, abandonar o cargo real e virar motorista de ônibus (ironicamente profissão que requer boa visão, ou seja, vale a inversão dos novos tempos). O bebê recebe cuidados e nome de suas amas, que a chamaram de Ela; mais tarde terá novas irmãs de espécie humana (Cafofo e Caroço), fruto de um novo casamento do pai. A madrasta e as antipáticas e malcriadas irmãs obrigam Ela a realizar todo o serviço doméstico (submissa condição feminina, a exemplo dos contos originais), bem como a fazem dormir sobre cinzas do braseiro muitas vezes. Os maus-tratos não são revelados ao pai, que tem suposta morte a seguir. Na cozinha, preparando pratos solicitados pela madrasta e filhas, Ela usa suas orelhas enormes para ouvir as coisas desagradáveis que falam sobre ela, como a condição física inferior, demonstrando estar atenta à realidade, ainda que não consiga mudá-la. Um baile no castelo real para "todas as gentis senhoritas moradoras" será realizado pelo novo rei e a nova rainha, que foram contratados para substituir os "velhos", como os novos tempos que descartam os antigos; eles têm filho em idade de casar. Se tais dados repetem o clássico, irá divergir muito o fato da madrasta se colocar como possível candidata do príncipe, o que quebra paradigmas. A seguir a condição de beleza associada à delicadeza é levantada: as irmãs têm pés pequenos, diferentemente de Cinder-Elefanta. Aliás, inversão total: pés gigantescos em uma época em que vale o grotesco. Mesmo assim ela pede para ir ao baile, pedido que fica condicionado aos pratos saborosos que deve fazer, como se fosse, ainda hoje, atributo exclusivamente feminino. Ao descascar uma abóbora para uma das receitas e lamentando sua falta de sorte, Cinder-Elefanta vê surgir uma "fada madrinha" bem pós-moderna – a doutora Canguru, que julga não ser uma, apesar de sua condição de "salvadora da pátria", pois nas horas vagas é mecânica de automóveis (remetendo-se à nova mulher no mercado de trabalho, pronta para "qualquer vaga"), e ela colocará a abóbora sobre rodas. A doutora fala para Ela perder peso dançando bastante (apelo estético atual) e a incentiva a acreditar no seu potencial para achar sandálias para o baile: é uma voz feminina dizendo à mulher (portanto, a ela mesma) para se valorizar e buscar seu espaço. Aliás, o próprio nome da personagem – Ela – já aponta tal direção. As sandálias de cristal acabam sendo formas de vidro das tortas de abóbora (pés tão grandes não se ajustariam a tanta delicadeza), as quais levam a elefanta ao baile (empregou-se aqui o potencial feminino para que se encontrasse tal solução, pois é Ela que descobre essa saída, impulsionada pela "fada madrinha"). O amor à primeira vista entre Ela e o príncipe também acontece neste conto; os dois dançam até que o relógio soe meia-noite e Ela tenha que voltar. Uma das formas-sapatos fica para trás (o mesmo estratagema) e será usada para a identificação da amada; outra pista são as sementes de abóbora que foram caindo da carruagem da elefanta até sua casa, já nos remetendo à história de João e Maria, lembrando que as histórias atuais também podem invadir/serem invadidas por outras histórias: ausência de limites. O príncipe vai àquele local em busca de sua futura noiva, sendo que para o cargo a madrasta é a primeira a se apresentar, seguida das filhas, quebrando paradigmas, como propõe a pós-modernidade. Doutora canguru reaparece e invoca a presença de Ela, que surge, é reconhecida e assume a posição real (como sempre, sem guardar rancores das irmãs), abrindo com o marido uma confeitaria no porão do castelo.

Da marginalização completa em que vivia, criada para procriar e servir, a mulher passou a ocupar um novo papel na sociedade, o que se percebe também na caminhada de Ela, que junto ao marido disputa o mercado de trabalho: os dois abrem um mesmo negócio. O pai de Ela reaparece (depois de tantos séculos a figura masculina ainda aparece muito neutra), indo para a casa da madrasta e filhas, que agora têm pés que caberiam em formas. "Mas já era tarde demais", sugerindo que o bem ainda está acima do mal. Como aponta Maffesoli (2007: 31): "Pois se existe uma coisa de que todos somos responsáveis é a decodificação da revivência de um imaginário social novo e sob muitos aspectos antigo".

Neste contexto de reinvenção, onde tudo é possível, encontram-se algumas histórias que, com uma preocupação exacerbada com o visual, acabam apresentando um conteúdo resumido e empobrecido. Um bom exemplo é a obra *Cinderela*, de Marion Billet, 2009, a qual se mostra visualmente atraente, mas que, por outro lado, contém uma narrativa verbal restrita, apontando apenas os fatos principais do que seria uma versão antiga da história da qual leva o título. As imagens são extremamente coloridas e representativas, colocando Cinderela sob os holofotes da pós-modernidade. Um livro que não propõe reflexão por ter seus propósitos muito explícitos: ser um objeto de consumo. A descartabilidade de tal material é quase tão instantânea quanto o desejo em possuí-lo; como nada aprofunda, vale o "usou, joga fora". A criança, que não é chamada a participar da história, que apresenta de forma reducionista o clássico Cinderela, encanta-se a princípio com cores e formas, perdendo logo esse brilho por não encontrar um maior: aquele que despertaria sua imaginação e fantasia não só para entrar no conto, como também, e principalmente, à luz dele, para reencantar sua realidade, que, destituída de tanta coisa, já lhe parece não ter mais espaço para ela própria criança.

Nas duas primeiras obras analisadas, *A Princesa que não tinha reino* e *A Bela Arremetida: e outros contos de fadas com bichos*, as Cinderelas pós-modernas surpreendem pela maneira decidida que enfrentam os obstáculos que lhe são impostos, demonstrando que desafios podem e devem ser superados na trajetória da nova mulher que se vai desenhando com mais força e espaço no tecido social contemporâneo, desconstruindo a figura feminina servil. São leituras que encantam à medida que há identificação entre as conquistas das personagens que representam a Cinderela da atualidade (mulher hoje) e o desejo do leitor de também realizá-las, ainda que em fantasia as faça primeiramente.

PRÍNCIPES DE ONTEM E DE HOJE: COMO OS HERÓIS SE TRANSFORMARAM[1]

Os clássicos dos contos de fadas são compostos de princesas, príncipes e outras personagens encantadas que, durante o enredo, estão relacionadas às aventuras do protagonista. As histórias contam o processo que vai da anulação dos desejos, através de um feitiço ou condição social, até a conquista do direito de um final feliz. O contato dos leitores com essa modalidade literária, geralmente, acontece ainda na infância, quando as instituições educacionais fazem a mediação leitor-obra.

Cada vez mais essas histórias nos surgem de forma fracionada. Vivemos na era da fragmentação, do acesso rápido, do controle remoto. As referências das quais precisamos estão a um *click* das nossas mãos.

O sentimento de dissolução, trazido pela pós-modernidade, requer análises que possam ajudar na compreensão de seu funcionamento. A indústria literária está vivendo um *boom* de releituras dos clássicos da literatura infantojuvenil. São lobos, princesas, príncipes e todo um arsenal de seres lúdicos que ressurgem nos fazendo buscar, em algum lugar da memória, aquilo que foi criado e nos apresentado um dia. Daí a importância dos clássicos mesmo em um sistema que tem como objetivo a divulgação de informações.

A idealização de algumas personagens clássicas está sendo questionada em obras atuais. Os autores apontam para novos valores e concepções de vida. Nos contos clássicos temos modelos de personagens que retratavam o contexto no qual estavam inseridos e, portanto, bastante diferenciados dos padrões contemporâneos. Nessa proposta, a autora Sonia Salomão Khéde (1990) apresenta algumas características,

---

[1] Originalmente apresentado no III Congresso Internacional de Literatura Infantil Chaves/Portugal, em parceria com Alencar Schueroff – pesquisador voluntário do PROLIJ – e Silvio Leandro da Silva – pesquisador voluntário do PROLIJ e mestrando em Patrimônio Cultural e Sociedade. Joinville: Univille.

revelando que os príncipes dos clássicos "desempenham papéis ativos, heroicos e transgressores, servindo, muitas vezes, como intermediários, num resgate", enquanto as princesas destacam-se pela "passividade e a sua função social como objeto do prazer e da organização familiar (p. 22)".

Em contraponto a esses conceitos, analisemos a obra de Ana Maria Machado, *O príncipe que bocejava*, editado pela Nova Fronteira (2004). Saber que a personagem título é um príncipe, já difere dos contos clássicos, pois, naquela ocasião, o mais comum é que o enredo acontecesse em torno de uma figura feminina (princesa). O livro tem como tema a vida de um príncipe que, não tendo ambições monárquicas, se encontra entediado com os costumes e a tradição que o rodeia. Ele espera mais da vida. Não há interesse, por parte do príncipe, em se casar com uma princesa ou herdar fortuna e poder. Diante dessa realidade, *ele boceja*. Em sua volta vivem pessoas fúteis e desinteressantes. Sua opção é pela liberdade e busca do desconhecido. Dessa forma, transgride ao mudar sua aparência e seguir numa moto. Durante seu percurso encontra uma jovem, com quem troca ideias e experiências. Ela, então, lhe revela ser uma princesa, pois alcançou o segundo lugar no concurso de Rainha da Uva na Festa da Colheita. Terminam juntos, vivendo cada instante e só bocejando quando estava na hora de ir dormir.

A história contada pela autora não especifica tempo, mas é possível perceber, através de alguns termos e de suas imagens, que se trata de um momento de tecnologias computadorizadas e midiáticas. Pensar na figura de um príncipe nos sugere duas possibilidades: aquele encantado, que salva a princesa e a desperta com um beijo ou, então, aquele resgatado pelos historiadores: absolutista e hierárquico. Machado nos apresenta um personagem que não se enquadra nesses estereótipos. Ele não quer saber de se casar (principalmente com princesas, atrizes, cantoras e modelos) nem tampouco de continuar em seu reino, exercendo funções deliberativas. Não possui cetro ou espada na cintura. Transforma sua aparência e, na busca de uma identidade e de aventura, pinta os cabelos, coloca brincos, óculos escuros e mochila nas costas.

O príncipe, não suportando a monotonia, logo deixa a moto de lado e embarca num trem. A seu lado, uma garota ruiva lê um livro. Essa nova personagem também requer uma análise, pois se trata de uma jovem que viaja sozinha, é instruída e independente. O príncipe rapidamente se dispõe a segui-la em seus roteiros.

A relação entre os dois é baseada em diálogos e esclarecimentos de ideias, portanto, os dois gêneros apresentados possuem voz e vez. Essa liberdade de questionamento permitiu ao príncipe exteriorizar sua dúvida: "Como é que aquela moça podia ir para onde quisesses, daquele jeito? Não tinha família? Não morava em lugar nenhum? De onde vinha? Para onde vai?". A resposta da moça surpreende o leitor, pois ela revela ser uma princesa. Nesse momento, temos nossas concepções desse título imperial colocadas à prova, pois se trata da vencedora de um concurso e não de uma moça da corte. Ela não é daquelas princesas "belas, virtuosas, honestas e piedosas" e que terão como recompensa o encontro com seu príncipe encantado, como nos apresentou Khéde (1990), pois buscou realizar um desejo (de Rainha da Uva, na Festa da Colheita), mostrando-se ambiciosa e empreendedora na materialização de seus sonhos. Não atingiu o cume do pódio, mas soube aproveitar o prêmio que lhe foi atribuído: um passe de trem válido por seis meses (sem limites geográficos) e uma caixa de livros.

Com certeza tal informação, tão humilde e sublime (ao menos se comparado aos interesses de suas outras pretendentes), encantou o príncipe. Os dois se casaram. A autora deixa ao leitor uma interrogação, mas também uma certeza: "Não sei se viveram felizes para sempre. Mas, por muitos e muitos anos, até onde a memória alcança, tiveram assunto para conversar e se divertir". Cabe ao leitor imaginar o que teria vindo após esta narrativa.

O príncipe desta obra está desassociado de todos aqueles resgatados da oralidade e apresentados por célebres autores. A importância dessa análise é perceber o quanto precisamos de referências clássicas para podermos desconstruir e, até mesmo (como Ana Maria Machado), criar uma nova condição a personagens da história da literatura. *O príncipe que bocejava* convence e tem significado para quem o lê, pois traça os aspectos estruturais do herói e do mito. Ele se desprende da sua condição primeira – portanto cômoda – e sai em nome de uma aventura que modificará seu status.

O olhar diante das atitudes do herói é uma proposta trazida por Joseph Campbell, em sua obra *O herói de mil faces*, editado no Brasil pela Editora Pensamento. Segundo o autor, somos atraídos por histórias heroicas, pois nos identificamos com personagens que deixam suas raízes na busca de superações. Esse sentimento de sucesso na empreitada fortalece e perpetua a personagem, pois atravessou diferentes obstáculos até alcançar uma nova condição: a de herói. O enfrentamento de arquétipos deve obedecer a uma ordem: separação, mudança e transfiguração (após a mudança o herói deve voltar ao nosso meio e ensinar a lição de vida renovada que aprendeu). Nesse sentido, o herói é "o homem ou mulher que conseguiu vencer suas limitações históricas pessoais e locais e alcançou formas normalmente válidas, humanas" (CAMPBELL, 2007: 28). A obra de Machado corresponde a essa ideia defendida pelo autor norte-americano, pois nela existe o afastamento do protagonista de seu reino e sua recorrente transformação, resultado da atenção dada ao chamado da aventura, ou seja, "o destino convocou o herói e transferiu-lhe o centro da gravidade do seio da sociedade para uma região desconhecida" (ibid., p. 66).

Portanto, *O príncipe que bocejava* desconstrói a simbólica imagem do jovem redentor e encantado, mas otimiza quando constrói uma nova percepção acerca desse sujeito tão centralizador de propriedades. O príncipe deixou de bocejar no momento em que saiu dos limites do muro de seu palácio. Ele renova as forças de capacidade do leitor e a aceitação de que não só existe a possibilidade de não estarmos predestinados a assumir uma função social, como também de que escolher o papel que melhor nos cabe está em nossas mãos. Entender a jornada apresentada por Ana Maria Machado é uma tarefa que nos obrigará a um entendimento prévio das funções do monarca ou da estrutura literária dos príncipes de contos de outrora.

***

Se direcionarmos a discussão para *O príncipe sapo*, um dos contos mais conhecidos dos Irmãos Grimm, é possível citar vários exemplos que revisitam a narrativa. Antes de ir a eles, seria interessante, talvez, buscar, primeiramente, o texto clássico. É a respeito de uma princesa mimada que conhece um sapo, após deixar uma bola de ouro cair em sua lagoa, e que ela relutantemente tem de hospedar em seu castelo, onde ele se transforma magicamente em um belo príncipe. Embora em certas versões a transformação invariavelmente ocorra com um beijo, na versão original dos Irmãos Grimm o encanto se quebra quando a princesa atira o sapo na parede, com aversão.

Um revisitamento (bem realizado, aliás) acontece em *O castelo do príncipe sapo*, do norueguês Jostein Gaarder. Em formato de romance infantojuvenil, o autor nos apresenta Gregório Pegório, um menino que encontra um duende, chamado Umpin, e se apresenta dizendo que seus pais costumavam chamá-lo de "Pequeno Príncipe". Príncipe passa a ser, a partir daí, o título de Gregório. Os dois pequenos, um por idade e o outro por natureza, encontram um sapo e o menino acaba beijando o bicho, que vira príncipe. Neste contexto é importante dizer que o Gregório toma tal atitude contra a vontade, pois não acreditava que poderia acontecer a mesma transformação da história clássica. Isso demonstra, contudo, que, apesar da descrença, ele possuía repertório. Na sequência, o protagonista fará uma viagem ao castelo do recém-conhecido/beijado príncipe. Durante os acontecimentos, Gregório recebe *flashes* das circunstâncias em que morreu seu avô, fato este ainda não assimilado pelo neto. A viagem será, assim, uma viagem de autoconhecimento. Então, aí está o pós-moderno: o príncipe não é príncipe e há a utilização (e o desdém, ao mesmo tempo) do clássico. Além disso, o enredo é alinear e fragmentado.

Se, por um lado, Jostein Gaarder desencanta, por outro conduz o leitor a um passeio interior bem-sucedido, com final feliz, proporcionando uma sensação de conforto, principalmente, aos que tiverem maior identificação com a trama. Porém, há casos de autores que deixam seus leitores completamente soltos: desconstroem os contos originais e não trazem consolo algum. Para agravar a situação, apresentam ainda problemas como linguagem pobre e ideologia questionável. Portanto, um questionamento se faz salutar aqui: seria necessário, em nome, talvez, de uma necessidade de atualização, recontar um conto de fadas clássico? E quando o reconto fica muito aquém do original? Esse pode ser o grande problema, já que parece sem sentido mexer no texto que é bom, tornando-o medíocre ou, até mesmo, ruim. No entanto, vários são os casos que caminham nesse sentido. Logo, existem maneiras e maneiras de se desencantar – é possível e mais interessante desencantar, encantando.

Nesta linha, vamos abrir espaço para a poesia. Donizete Galvão, no livro *Mania de bicho*, faz excelente trabalho com as palavras e, de quebra, levanta muitas reflexões. Um dos poemas é "O sapo desencantado":

No brejo, o sapo
espera que espera
pelo beijo da Bela
que o recupere
de sua sapice.
Séculos depois,
quando a Bela
enfim revela,
com sua boca vermelha,
para o beijo salvador,
como toda sapiência
o sapo salta fora.
Não quer mais
ser um príncipe chato
e feliz para sempre.
Com a Bela a recordar
a cada minuto
que ele deve a ela
estar hoje no enxuto.
Agora, o papudo adora
sua brejeira condição.
Tomou gosto pelo brejo
e prefere ser frio, feio,

asqueroso,
de olho esbugalhado,
verrugoso,
a ser eleito
mais um esposo.

O texto, bem contemporâneo, provoca um sentimento realista. O "felizes para sempre" tem tom de chatice e tristeza, tendo em vista que o eu-lírico (o sapo) não quer ficar o resto dos seus dias com uma Bela que ficará o tempo todo cobrando por tê-lo tirado do brejo. Melhor, então, a tranquila "condição brejeira". É uma espécie de terapia sobre um casamento em crise, ou sobre um casamento que não deveria acontecer. Vale ressaltar que, em tempos pós-modernos, a terapia é um item básico para acalmar ânimos enfurecidos pela entropia que se instalou no dia a dia dos cidadãos (das grandes cidades, principalmente). E, como podemos ver, ela se colocou também na literatura.

Outro livro que mergulha na onda de *O príncipe sapo* é o interessante e divertido *Fritz: um sapo nas terras do príncipe*, de um escritor pouco conhecido, o qual se aventurou, pela primeira vez, na escrita direcionada aos jovens leitores: Jura Arruda. Ele vive na cidade de Joinville, localizada no nordeste do estado de Santa Catarina, e é nela que ambienta sua narrativa. Joinville é conhecida como "cidade dos príncipes", porque o território do município pertencia ao príncipe francês Ferdinand Philipe, que, ao se casar, vende a terra para uma empresa de Hamburgo, na Alemanha. Mais tarde, a cidade ganha este nome para homenagear a cidade natal de Ferdinand.

Assim, Arruda usa a história de Joinville para brincar com seu personagem, Fritz, um sapo alemão que sonha em ser príncipe no Brasil. Ele vem de barco e, quando chega a Joinville, luta para realizar seu sonho. Ao encontrar sapos brasileiros, diz: "Vocês nasceram para ser sapos e sempre serão sapos. Mas eu tenho um sonho e vou realizá-lo". Fritz vira príncipe, mas não se metamorfoseia, consegue o título por heroísmo e honra. Ou seja, é uma história que, de certa forma, faz uma paródia (gênero intertextual tipicamente pós-moderno) do texto dos Grimm.

Há outros livros intertextuais, feitos a partir de *O príncipe sapo* ou, simplesmente, da figura do príncipe. Entretanto, é fundamental reiterar que os revisitamentos dificilmente teriam razão de ser sem o conto clássico. É interessante que o forte desencantamento imposto por eles venha acompanhado do texto original. Dessa forma, crianças e jovens poderão desenvolver uma formação literária e psicológica mais ampla e completa.

O HIBRIDISMO E O HUMOR NOS LIVROS PARA CRIANÇAS E JOVENS[1]

Falar de literatura infantojuvenil nesses novos tempos – nem sempre tão novos –, seja ela brasileira ou não, é passar por diferentes gêneros, fronteiras, recursos, intenções, linguagens.

Longe estamos da época em que textos endereçados a crianças eram historietas recheadas de moralidades explícitas, isentas de irreverência e contestação, além de ignorantes na questão literária. Poucos foram os autores voltados à infância que, nesses séculos (não muitos) de literatura infantojuvenil, primaram pela arte literária. Não cabe aqui enumerá-los. São conhecidos dos adultos. Continuam sendo eleitos pelas crianças.

Em tempos pós-modernos, vale debruçar-se sobre a produção de livros para crianças, adolescentes e jovens. Ao fazê-lo, o que se pode constatar, já de início, é que na sua maioria eles são construídos a partir de pelo menos duas linguagens: a da palavra e da imagem.

Raramente as publicações que intencionalmente remetem a sua obra ao público infantojuvenil limitam-se a um texto que não seja híbrido, ou seja, constituído por mais de uma linguagem, explorando ao máximo aquela escolhida, seja ela a das cores, a da palavra, a da imagem, ou do cinema, do bordado, do cordel. Tomemos como exemplo a obra *Frederico*, do italiano Leo Lionni.

Frederico é a história de um ratinho que, semelhante à cigarra de Esopo e La Fontaine, preocupa-se com a arte. Quer poetar. Seus irmãos, no entanto, na labuta diária da estocagem de alimentos para o inverno, tal qual a formiga da fábula tradicional, querem que ele esqueça sua arte e se dedique com eles ao trabalho.

---

[1] Apresentado originalmente no 2º Convegno Internazionale sull'umorismo in prospettiva Interculturale "immagini, aspetti e linguaggi". Lucca-Italia, 2009, em parceria com Georgia de Souza Cagneti, mestranda em Laurea Specialistica in Lingue Straniere per la Comunicazione Internazionale, na l'Università degli Studi di Perugia e pesquisadora voluntária do PROLIJ – Univille.

Frederico, entretanto, mostra ao final da narrativa que, como seus irmãos, também trabalha ao armazenar para o inverno imagens, cores e palavras. Com elas pode aquecê-los e entretê-los durante toda a passagem do frio, no qual estão condenados à reclusão. Foi sua recolha que, transformada em poesia, os alimentou quando o tédio e o final das nozes, milho e trigo começou a chegar.

Ao revisitar a fábula "A formiga e a cigarra", cruzando ideias antigas e modernas, pois, à clássica moralidade final "quem não trabalha não come", Lionni contrapõe a constatação dos ratinhos, diante do fazer do irmão: "Mas, Frederico, você é um poeta!", ao que ele "timidamente" responde: "Eu sei", constrói um texto híbrido, cujos valores, até então consagrados, passam a ser relativizados. Ou seja, imbricam-se ideias clássicas e ideias contemporâneas, para – sobre uma mesma temática – levantar novas possibilidades de reflexão. A esse respeito, diz Canclini, "[...] entendo por hibridação processos socioculturais nos quais estruturas ou práticas discretas, que existiam de forma separada, se combinam para gerar novas estruturas, objetos e práticas" (2008: XIX).

Dessa maneira, também, em consonância com as práticas vigentes, que primam pelo hibridismo, em todas suas formas e nuances, o autor italiano o faz ao contar a velha/nova história que põe em xeque o trabalho e a arte, pelo viés do diálogo de diferentes linguagens: da palavra, da imagem e das cores.

Veja-se, por exemplo, a página retirada do livro em questão:

— Frederico, por que você não trabalha? — eles perguntavam.
— Eu *estou* trabalhando — dizia Frederico. — Estou colhendo raios de sol, para armazenar para os dias frios e escuros de inverno.

Como se pode ver, além do texto que informa que Frederico está "colhendo raios de sol", sendo essa a resposta que ele dá aos irmãos quando perguntam por que ele não trabalha, a imagem dialoga com o elemento verbal, quando mostra Frederico de olhos fechados, de costas para a família, que carrega espigas de milho para armazenar. O elemento visual nos remete a uma linha de montagem, que se vai repetir em outras passagens nas quais eles armazenam trigo e nozes. Nas imagens que seguem, Frederico está sempre na contramão, como alguém que não faz parte daquele grupo. E, de preferência, de olhos fechados, sentindo o mundo. Ou, então, de olhos semicerrados, em pura contemplação. Como se vê, a ilustração atualmente não é mais uma repetidora do texto (como o foi em seus primórdios), mas uma linguagem que diz o não dito, sugerindo muitas vezes o que sequer foi insinuado pelo elemento verbal.

Interessante é que, ao final, quando Frederico aquece e distrai a família, evocando os raios de sol e as cores armazenadas por ele, ou declamando poemas elaborados a partir das palavras que coletou, enquanto os outros executavam tarefas físicas, assume uma postura diversa. A imagem mostra, sem ser enunciado pelo texto, que a partir daí é ele que está de olhos abertos, enquanto os outros estão de olhos fechados a ouvi-lo.

Num novo exemplo de convivência e cruzamento de linguagens diferentes, temos o livro brasileiro *Vizinho, vizinha*, cujo texto é de Roger Mello,[2] ilustrado por Graça Lima e Mariana Massarani, com participação especial de Mello. O inusitado nessa obra é que as suas páginas são preenchidas pelos três ilustradores (campos distintos), com a fala de Roger ao pé delas. A imagem à esquerda retrata o vizinho (Mariana Massarani) em seu apartamento e à direita, a vizinha (Graça Lima). O centro do livro apresenta o corredor e as mudanças que vão ocorrendo nele (Roger Mello), a partir da revolução instaurada nessas vidas pela sobrinha do vizinho e o neto da vizinha, que chegam em visita de férias na mesma ocasião. Nas páginas seguintes, o corredor é aparentemente imenso, dado ao distanciamento dos vizinhos.

O inusitado dessa obra está no fato de ser construído a seis mãos, além, claro, do diálogo instaurado por Mello, a partir do espaço dado ao corredor, ora ampliado, ora reduzido, mostrando a aproximação e distanciamento dos vizinhos. Além disso, tapetes diante das portas, que se modificam, são reveladores, denotando estado de espírito e expectativas, principalmente da vizinha.

Diz Stuart Hall que:

Algumas pessoas argumentam que o "hibridismo" e o sincretismo – a fusão entre diferentes tradições culturais – são uma poderosa fonte criativa, produzindo novas fórmulas de cultura, mais apropriadas à modernidade tardia que às velhas e contestadas identidades do passado. Outras, entretanto,

---

[2] Roger Mello, em 2010, ficou entre os cinco melhores ilustradores do mundo, por ocasião do prêmio IBBY de literatura infantojuvenil.

argumentam que o hibridismo, com a indeterminação, a "dupla consciência" e o relativismo que implica, também tem seus custos e perigos (2006: 91).

O tempo dirá, sem dúvida, qual a posição que prevalecerá. Ou, quem sabe, nos levará a concluir o que ora já se prega: a relatividade das assertivas.

Diante da vastíssima produção voltada para o público infantojuvenil, o que se pode constatar nas últimas décadas é o número cada vez maior de obras de altíssima qualidade, quer literária, quer imagética, em boa parte do mundo. Por outro lado, em conformidade com os apelos de consumo e de atitude perante o considerado belo, muitas são as obras cujo conteúdo esvaziado de qualquer significado maior é apresentado em livros de trabalho gráfico sofisticadíssimo, acompanhados de belas ilustrações e envoltos em capas que chamam a atenção do pequeno leitor. Esse, como se sabe, transforma-se em proceder corriqueiro da pós-modernidade, que tem aberto espaço para as aparências, para o superficial, para o simulacro.

Voltando, então, às questões que permeiam a produção literária para crianças e jovens, pode-se dizer que – tal qual o mundo de hoje – a profusão de cores, imagens, linguagens, línguas, sons faz parte também do universo livresco. São esses procedimentos, essas atitudes de mescla, de diálogo, de entrada de uma linguagem na outra que deram seu contributo valioso para o nascimento de um novo gênero literário: a narrativa visual.

Contados apenas por imagens, esses livros são outro exemplo de hibridismo, mesclando as linguagens do cinema, dos quadrinhos, da televisão. Embora aparentemente voltados para o universo infantil, eles na sua maioria vêm agradando a diferentes faixas etárias, mais uma vez revelando o proceder contemporâneo de um mundo sem fronteiras. Essas faixas etárias têm diminuído também, ante a divisão arbitrária que se costuma fazer em relação à literatura, rotulando-a como infantil, juvenil ou adulta.

Sabe-se, embora vivamos num mundo que fala muito através de imagens, que o ser humano é um ser de palavra. Que a sua humanidade se expressa essencialmente pelas histórias que ouve, conta, lê e escreve.

Ao contar, quer falando, escrevendo, ou desenhando, o homem se conta. E ao ouvi-la, se ouve. Vai daí que elas, as histórias, embora mudem de roupagem, continuam a habitar nosso imaginário, quer através de imagens mentais, quer através de imagens verbais. Esse é, pois, também o caso das narrativas visuais. Como toda boa narrativa, embora contada por imagens, que sofrem o movimento do virar das páginas, ela é constituída de *personagem, enredo, tempo, espaço e narrador*. Ou seja, possui todos os elementos da narrativa literária. Por isso, ser chamada, com mais propriedade, de narrativa visual, embora muitos ainda a denominem livro de imagem, ou livro sem texto.

Nascida no Brasil nos anos setenta do século passado, a narrativa visual em livro teve como seu primeiro título, criado pelo artista plástico Juarez Machado, da cidade de Joinville, o premiadíssimo (em vários países) *Ida e volta*.

Ida e volta é contada a partir das pegadas de alguém que sai do banho e vai deixando as marcas dos pés molhados, sinalizando assim o que ele vai fazer. Elas continuam, página após página, a mostrar a trajetória do personagem, seja pelas marcas de seus sapatos, seja pelo rastro deixado pela bicicleta, tanto quando em bom estado, quanto com o pneu furado, permitindo ao leitor imaginar quem seria o seu autor.

Veja-se, por exemplo, a capa e a quarta capa do livro, que remetem à circularidade da história, que termina do jeito que começou, numa atitude também bastante contemporânea, que é a da recorrência à ideia do eterno retorno.

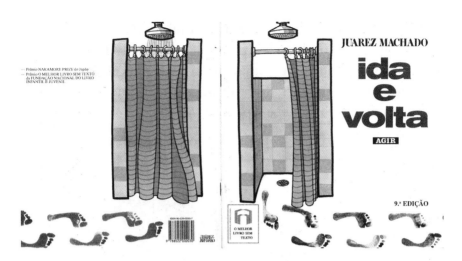

Voltando ainda à questão das marcas deixadas pelo protagonista, vale ressaltar o caráter cômico que é dado à história dos pequenos desastres, dos incidentes corriqueiros e das atitudes inusitadas do possível jovem/adulto/moleque que sai de casa, quebra vidraça com a bola, foge com uma bicicleta, derruba um pintor com suas tintas do alto de uma escada, contrapondo a atitude cordial e educada que manifesta, quando, por exemplo, oferece flores a uma velhinha ou quando joga o resto de uma maçã na lixeira. Na verdade, é o humor do qual Juarez faz uso em dose certa que dá toda a leveza e significado à narrativa, que nada mais é que o relato de um dia repleto de peripécias de alguém que o leitor entusiasmado busca descobrir quem é, desde a primeira até a última página do livro.

Diz Jacqueline Held (1980: 181) que "O humor [...] supõe distância com referência a si mesmo". Essa, sem dúvida, é uma das grandes razões que fazem as narrativas humorísticas serem tão amadas pelos leitores mais jovens. Essa é, também, com certeza, uma fórmula mágica para tomar contato com as dores e dificuldades da vida, analisando-as, vendo-se nelas, mas sem sofrer. Aliás, rindo.

Outro aspecto de grande importância das narrativas visuais é o espaço que abre à interpretação dos leitores. Muitas imagens admitem múltiplas interpretações. Além disso, deixam o leitor sempre mais curioso, ao espelharem-se no texto, trazendo a sua leitura sempre mais para perto de sua própria história.

Veja-se o caso da recente obra do cartunista brasileiro, Caco Galhardo, que, sob o título sugestivo *Cresh!*, narra, através da sequência de imagens, o cotidiano de uma família, com seus encontros e desencontros, rusgas, ciúmes, descobertas e, principalmente, o papel de cada um numa rotina que se repete *ad eternum*.

Tudo começa com a quebra de um copo, como se pode ver nas imagens a seguir:

O desenrolar desse incidente (tão comum no cotidiano de famílias com crianças) é contado de forma bastante cômica e simpática por Galhardo que, jogando principalmente com as cores, vai revelando as transformações ocorridas com a mãe, diante do incidente provocado pela menina. Isso porque quanto mais esse incidente inicial ganha corpo, outros pequenos desastres vão acontecendo: a comida no fogão queima, o pai chega e assume a defesa da filha, provocando uma reação inesperada da mãe, que leva o pai a reagir de forma agressiva, e assim por diante. O que faz rir, embora sejam situações de irritação, além dos trejeitos e atitudes intempestivas dos personagens, são as cores do cenário que mudam conforme os acontecimentos: vermelho ou roxo, quando a guerra familiar se acirra, amarelo-claro, azul ou rosa, quando se restaura a ordem. Ordem essa que, aliás, ao se restaurar apenas em parte, permite a chegada de um novo bebê, que logo, logo começa todo o processo de desordem novamente. "C'è la vie", diriam nossos avós. "Há que se aprender a viver neste vai e vem."

A instabilidade, porém, atemoriza a criança e, distanciada da problemática, graças ao tom humorístico dado por Caco, ela pode ver a si mesma na narrativa, revendo seu cotidiano, que em tantos casos se assemelha ao focado na obra, sem necessidade de sofrer. Para Held, nada mais salutar.[3] Pois, segundo ela, "Descritas humoristicamente, as personagens dos livros nos auxiliam a nos conhecermos e a nos aceitarmos melhor. Isso é verdade tanto para crianças como para adultos" (1980: 183).

Pensando nos adultos, mais particularmente, escolheu-se, então, *História de amor*, de Regina Coeli Rennó, cuja narrativa é construída a partir do ponto de vista de um casal de lápis (um rosa e outro azul), remetendo o leitor ao encontro/desencontro amoroso de um homem e uma mulher, cuja visão de mundo é bastante diversa. Confira-se a imagem a seguir:

---

[3] Jaqueline Held, em seu *O imaginário no poder*, discute com muita propriedade a importância do humor nas narrativas infantis que, ao conduzirem o pequeno leitor ao autoconhecimento, permitem que elas passem pelo sofrimento que o processo normalmente acarreta, sem necessariamente precisarem sofrer.

A narrativa visual em questão, embora colocada pelas editoras e livrarias como literatura infantil, aponta, a partir da alternância de ponto de vista dos personagens, para os desencontros que podem ocorrer numa relação amorosa, tendo como mote a clássica, embora sempre nova, ideia da traição. Observe-se, então, a seguinte imagem:

O que se pode observar nas imagens aqui apresentadas é que cada uma delas se encontra limitada por uma moldura, ora azul, ora rosa. As molduras são determinantes para o entendimento da obra, cuja razão maior não é contar mais uma história de traição, mas sugerir possíveis razões que a tem levado a acontecer.

A riqueza desta narrativa está não apenas no uso das cores convencionadas como representativas do masculino e do feminino, anunciando, por meio da moldura das imagens, de quem é o ponto de vista, como também pela divisão do mundo em abstrato e concreto, realidade e sonho, exterioridade e interioridade. E deixando claras, mais uma vez, as representações de gênero, quando apresenta em azul a parte externa da casa, o banco de concreto, a base da cama, indicando que o masculino passa por aí: pelo real, pelo concreto, pelo exterior.

Já as imagens em rosa demarcam os sonhos da protagonista (flores, lua), o seu modo de ser menos concreto, mais voltado para os detalhes (os bordados da roupa de cama, as aberturas da casa), numa representação clara das diferenças entre homem e mulher. Ou seja, a questão da traição é apenas pano de fundo para discutir as diferenças existentes entre os sexos, causadoras, talvez, dos desencontros vividos e cantados em verso e prosa, representados no cinema, no teatro, nas novelas televisivas e nas conversas de botequim.

História de amor, embora supostamente endereçada às crianças, é uma narrativa que pede leitura mais verticalizada, cujo teor maior está no não dito, nas sutilezas do uso do traço e das cores. O humor fino, irônico, com o qual as coisas são apontadas, convida o leitor a ver que muito do nosso cotidiano traz em suas bordas, fendas ou escondidos, muito mais do que habitualmente se possa esperar. Talvez seja esse mesmo um dos motivos que faz da arte este momento – sempre primeiro – de nos dizer que o que vemos não é o que vemos.

Pelas razões aqui apontadas, portanto, e por outras tantas que poderiam ser ainda ditas, acredita-se poder afirmar que a literatura para crianças e jovens lentamente atinge sua maioridade, quer pelo seu compromisso artístico, quer pela sua sintonia com novos tempos e novos modos de pensar o mundo, além de estar inovando sempre. Desde seu surgimento, que remonta há apenas pouco mais de dois séculos. Andersen[4] possivelmente ficaria feliz com o andar do caminho aberto por ele.

---

[4] Falando em Andersen, vale conferir a nova edição de sua obra, intitulada *Contos de Hans Christian Andersen* (traduzidos do dinamarquês por Sílvia Duarte e acompanhado de prefácio e comentários de Nelly Novaes Coelho, por Paulinas Editora, em 2011.

POSFÁCIO

Esse posfácio, que – na verdade – se faz como um agradecimento, festeja a 2ª edição dos artigos aqui reunidos.

Agradeço, pois, não só aos meus leitores, que esgotaram a edição de 2013 e a reimpressão de 2017, como também a Paulinas Editora, que leva as obras de seus autores a cada canto de nosso país.

E, claro, dizer aos meus ex-alunos e ex-orientandos, hoje transformados em amigos – quase todos – um obrigada grande, grande. Foram eles que, ao longo da construção dos artigos que compõem esse livro, estiveram comigo em experimentos, trocas, leituras, viagens e desafios. É deles também, especialmente de *Alcione Pauli*, que me empurrou para a reunião e costura dos textos que aqui estão, o mérito de nossas descobertas estarem correndo mundo, materializadas nessa brochura, que se multiplica mais uma vez.

REFERÊNCIAS BIBLIOGRÁFICAS

ALENCAR, José de. *A pata da gazela*. São Paulo: FTD, 1992.
ANDERSEN, Hans Christian. *Contos de Hans Christian Andersen* – traduzidos do dinamarquês. Trad. Sílvia Duarte. São Paulo: Paulinas, 2011.
_____. *O patinho feio*. Porto Alegre: Kuarup, 1997 (Coleção Era Uma Vez Andersen).
ARRUDA, Jura. *Fritz*; um sapo nas terras do príncipe. Ilustr. Nei Ramos. Joinville: Letradágua, 2007.
BAKHTIN, Mikail. *Marxismo e filosofia da linguagem*. São Paulo: Hucitec, 1998.
BANDEIRA, Pedro. *O par de tênis*. Ilustr. Orlando Pedroso. São Paulo: Moderna, 2000.
BARICCO, Alessandro. *I Barbari. Saggio sulla mutazione*. Milano: Feltrinelli, 2008.
BELINKI, Tatiana. Vassilissa, a formosa. In: BELINKI, Tatiana. *Sete contos russos*. São Paulo: Companhia das Letrinhas, 1995.
BETTLHEIM, Bruno. *A psicanálise dos contos de fadas*. Trad. Arlene de Caetano. 3. ed. Rio de Janeiro: Paz e Terra, 1980.
BILLET, Marion. *Cinderela*. Trad. Eduardo Brandão. São Paulo: Companhia das Letrinhas, 2009.
BUARQUE, Chico. *Chapeuzinho Amarelo*. Rio de Janeiro: Berlendis & Vertecchia, 1978; 1985.
CAMPBELL, Joseph. *O herói de mil faces*. São Paulo: Pensamento, 2007.
_____. *O poder do mito*. Trad. Carlos Felipe Moisés. São Paulo: Palas-Athena, 1990.
CANCLINI, Nestor Garcia. *Culturas híbridas*; estratégias para entrar e sair da modernidade. Tradução Gênese Andrade. São Paulo: Edusp, 2008.
CAPARELLI, Sergio. Nada se perde. In: CAPARELLI, Sergio. *Um elefante no nariz*. Porto Alegre: L&PM, 2000.
CAPELLA, Vladimir. *Maria Borralheira*. São Paulo: Letras e Letras, 1998.
CARVALHO, André. *Dourado*. Belo Horizonte: Lê, 1986.
CHEVALIER, Jean. *Dicionário de símbolos*. Rio de Janeiro: José Olympio, 1998.
COELHO, Nelly Novaes. *O Conto de Fadas*. São Paulo: Ática, 1987.
COLASANTI, Marina. *O lobo e o carneiro no sonho da menina*. São Paulo: Global, 2008.
COLE, Babette. *A Princesa Sabichona*. São Paulo: Martins Fontes, 1998.
_____. *Príncipe Cinderelo*. São Paulo: Martins Fontes, 2000.
COLLODI, Carlo. *As aventuras de Pinóquio*. Trad. Ana Maria Machado. São Paulo: Companhia. das Letrinhas, 2002.
CORSO, Diana Lichtenstein; CORSO, Mario. *Fadas no divã*. Porto Alegre: Artemed, 2006.
DURAND, Gilbert. *As estruturas antropológicas do imaginário*. Trad. Hébler Godinho. Lisboa: Editorial Presença, 1989.

EISNER, Will. *A princesa e o sapo*; um clássico dos contos de Jacob e Wilhelm Grimm. Trad. Carlos Sussekind. São Paulo: Companhia das Letrinhas, 1998.

FIUZA, Fa. *Tem livro que tem*. Ilustr. Angelo Abu. Belo Horizonte: Autêntica, 2011.

FRANÇA, Mary; FRANÇA, Eliardo. *Contos de Andersen*; o patinho. São Paulo: Ática, 1992.

FOUCAMBERT, Jean. *A criança, o professor e a leitura*. Trad. Marleine Cohnen e Carlos Mendes Rosa. Porto Alegre: Artes Médicas, 1998.

_____. *A leitura em questão*. Trad. Bruno Charles Magne: Porto Alegre: Artes Médicas, 1994.

FURNARI, Eva. *O feitiço do sapo*. São Paulo: Ática, 1995.

_____. *O problema do Clóvis*. São Paulo: Global, 1999.

GAADER, Jostein. *O castelo do príncipe sapo*. Trad. Isa Mara Lando. Ilustr. Philip Hopman. São Paulo: Companhia das Letrinhas, 2002.

GAITE, Carmem Martín. *Chapeuzinho Vermelho em Manhattan*. Trad. Ruth Rocha. São Paulo: Martins Fontes, 1996.

GALHARDO, Caco. *Cresh!* São Paulo: Peirópolis, 2007.

GALVÃO, Donizete. *Mania de bicho*. Ilustr. Fernando Vilela. Curitiba: Positivo, 2009.

GANEM, Eliane. *A fada desencantada*. São Paulo: Brasiliense, 1976.

GRIMM, Jacob. *Cinderela*. Trad. Veriência Sônia Kuhle. Ilustr. Bebel Braga. Porto Alegre: Kuarup, 1988.

_____; Wilhelm, GRIMM. *Contos de Grimm*. Trad. Dante Pignatari. Texto final Maria Heloísa Penteado. Ilustr. de Anastassija Archipowa. 4. ed. São Paulo: Ática, 1995.

GUWINNER, Patrícia. *A verdadeira história da Chapeuzinho Vermelho*. 2. ed. Petrópolis: Vozes, 1983.

HALL, Stuart. *A identidade cultural na pós-modernidade*. Trad. Tomaz Tadeu da Silva e Guacira Lopes Louro. Rio de Janeiro: DP&A, 2006.

HELD, Jacqueline. *O imaginário no poder*; as crianças e a literatura fantástica. Trad. Carlos Rizzi. São Paulo: Summus, 1980.

KHÉDE, Sonia Salomão. *Personagens da Literatura Infanto-Juvenil*. 2. ed. São Paulo: Ática, 1990.

JONES, Úrsula. *A princesa que não tinha reino*. Ilustr. Sarah Gibb. Trad. Lia Wyler. São Paulo: Caramelo Livros Educativos, 2009.

JUNG, Carl G. *O homem e seus símbolos*. Trad. de Maria Lúcia Pinho. Rio de Janeiro: Editora Nova Fronteira, s\d.

LAURENT, Jenny. A estratégia da forma. In: LAURENT, Jenny. *Poètique; Revista de Teoria e Análise Literárias. Intertextualidades,* n. 27. Trad. Clara Crabbé Rocha. Coimbra: Livraria Almedina, 1979.

LIMA, Graça; MASSARANI, Mariana; MELLO, Roger. *Vizinho, vizinha*. São Paulo: Companhia das Letrinhas, 2002.

LIONNI, Leo. *Frederico*. Trad. Monica Stahel. São Paulo: Martins Fontes, 1998.

LISPECTOR, Clarice. *Uma aprendizagem ou o Livro dos prazeres*. 18. ed. Rio de Janeiro: Francisco Alves, 1991.

LOBATO, Monteiro. *A chave do tamanho*. 34. ed. Brasiliense: São Paulo, 1990.

_____. *Memórias de Emília*. 11. ed. Brasiliense: São Paulo, 1962.

_____. *Reinações de Narizinho*. São Paulo: Brasiliense, 1986; 32. ed., 1981.

MACHADO, Ana Maria. *O príncipe que bocejava*. Ilustr. Graça Lima. Rio de Janeiro: Editora Nova Fronteira, 2004.

_____. *Procura-se lobo*. São Paulo: Ática, 2005.

MACHADO, Juarez. *Ida e volta*. Rio de Janeiro, Agir, 1976.

MAFFESOLI, Michel. *O ritmo da vida*; variações sobre o imaginário pós-moderno. Trad. Clóvis Marques. Rio de Janeiro: Record, 2007.

MAGUIRE, Gregory. *A Bela Arremetida*; e outros contos de fadas com bichos. Trad. Sérgio Alcides. São Paulo: Companhia das Letrinhas, 2007.

MASTROBERTI, Paula. *Cinderela*; uma biografia autorizada. Baseado no conto homônimo dos Irmãos Grimm. Porto Alegre: Mercado Aberto, 1997.

PARAFITA, Alexandre. *A comunicação e a literatura popular*. Lisboa: Plátano Universitária, 1999.

PERRAULT, Charles. *Contos de Perrault*; Borralheira ou sapatinhos de vidro. Trad. Regina Regis Junqueira. Rio de Janeiro: Villa Rica, 1994.

PINTO, Ziraldo Alves. *Flicts*. São Paulo: Melhoramentos, 1988.

PROPP, Vladimir. *Édipo à luz do folclore*. Trad. Anísio da Silva Lopes. Lisboa: Veja, s/d.

RENNÓ, Regina Coeli. *História de amor*. Belo Horizonte: Editora Lê, 1992.

ROCHA, Ruth. *Sapo vira rei, vira sapo ou a volta do Reizinho Mandão*. São Paulo: Salamandra, s/d.

ROSA, Guimarães. *Fita verde no cabelo*. Ilustr. Roger Mello. Rio de Janeiro: Nova Fronteira. 1992.

SANTOS, Jair Ferreira dos. *O que é pós-moderno?* 2. ed. São Paulo: Brasiliense, 1986; 5. ed., 1988.

SCIESZKA, Jon. *O patinho realmente feio e outras histórias malucas*. Ilustr. Lane Smith. Trad. Isa Mara Lando. São Paulo: Companhia das Letrinhas, 1997.

_____. *O sapo que virou príncipe*: continuação. Ilustr. Steve Johnson. Trad. Sérgio Tellaroli. São Paulo: Companhia das Letrinhas, 1998.

SIERLE, Karlheinz, Que significa a recepção de textos ficcionais? In: JAUSS, Hans Robert et al. *A literatura e o leitor*; textos da estética da recepção. Seleção, tradução e introdução Luis Costa Lima. Rio de Janeiro: Paz e Terra, 1979.

SOARES, Jô. Filme *noir*: o Chapeuzinho Verde. *Veja*, São Paulo, v. 26, 9 jun. 1993.

SOUSA, Mauricio. *Magali – Fábulas*. São Paulo: Editora Globo, 2003. (Coleção Um Tema Só).

_____. O pintinho feio. *Revista Chico Bento*. São Paulo: Editora Globo, n. 277.

SOUZA, Flávio de. *Anastácia e Bonifácia*. São Paulo: Companhia das Letras, 1995.

_____. Le Cad Rein ou O lagarto. In: SOUZA, Flávio de. *Que história é essa?* Ilustr. Pepe Casals. São Paulo: Companhia das Letrinhas, 1995.

_____. O caçador. In: SOUZA, Flávio de. *Que história é essa?* São Paulo: Companhia das Letrinhas, 1996.

STRAUSZ, Rosa Amanda. *Mamãe trouxe um lobo para casa*. Rio de Janeiro: Salamandra, 1995.

_____. *Pra que serve uma barriga tão grande?* São Paulo: FTD, 2003.

TRIGO, Márcio. *A verdadeira história dos sapatinhos de cristal*. São Paulo: Ática, 1991.

VENEZA, Maurício. *A princesa e o sapo*; do jeito que o príncipe contou. Belo Horizonte: Campos, 1999.

_____. *Dois sapos batendo papo*. Belo Horizonte: Formato, 2005.

WARNER, Marina. *Da Fera à Loira*; sobre contos de fadas e seus narradores. Trad. Thelma Médici Nobrega. São Paulo: Companhia das Letras, 1999.

Filme

PARA SEMPRE CINDERELA. Direção Andy Tennant. Roteiro Andy Tennant, Susannah Grant e Rick Parks. Twentieth Century Fox, 1998. 1 filme (121 min.), son., color.